CASAS MUERTAS

NOVELISTAS DE ESPAÑA Y AMÉRICA

Antonio Arraiz: EL MAR ES COMO UN POTRO. (Dámaso Velázquez.)
Antonio Arraiz: TODOS IBAN DESORIENTADOS.
Miguel Ángel Asturias: HOMBRES DE MAÍZ.
Miguel Ángel Asturias: EL SEÑOR PRESIDENTE.
Miguel Ángel Asturias: VIENTO FUERTE.
Miguel Ángel Asturias: EL PAPA VERDE.
Leónidas Barletta: HISTORIA DE PERROS.
Adolfo Bioy Casares: EL SUEÑO DE LOS HÉROES.
Silverio Boj: ÁSPERO INTERMEDIO. *(Premio único de la selección argentina para el Concurso Latinoamericano de Nueva York, 1942.)*
Jorge Luis Borges: EL ALEPH.
Marta Brunet: HUMO HACIA EL SUR.
E. Caballero Calderón: EL CRISTO DE ESPALDAS.
Estela Canto: EL MURO DE MÁRMOL.
Estela Canto: EL RETRATO Y LA IMAGEN.
Arturo Capdevila: ADVENIMIENTO.
Gabriel Casaccia: LA BABOSA.
Ernesto L. Castro: LOS ISLEROS. *(Premio en la selección argentina del Concurso Latinoamericano de Nueva York, 1943.)*
Ernesto L. Castro: DESDE EL FONDO DE LA TIERRA. *(Premio Nacional de Literatura, 1947.)*
Ernesto L. Castro: CAMPO ARADO.
Celia de Diego: UN GRILLO ENTRE LOS JUNCOS.
Manuel Gálvez: LAS DOS VIDAS DEL POBRE NAPOLEÓN.
Juan Goyanarte: CAMPO DE HIERROS.
Ricardo Güiraldes: DON SEGUNDO SOMBRA.
Eugenio Julio Iglesias: EL PENÚLTIMO ESCALÓN.
José Lins do Rego: BANGUÉ.
Alejandro Magrassi: LA CAÁ YARÍ.
Eduardo Mallea: CHAVES.
J. Carlos Onetti: TIERRA DE NADIE. *(Segundo premio del Concurso Ricardo Güiraldes de la Editorial Losada.)*
Antonia Palacios: ANA ISABEL, UNA NIÑA DECENTE.
Alfredo Pareja Díez-Canseco: HOMBRES SIN TIEMPO.
Alfredo Pareja Díez-Canseco: LAS TRES RATAS.
José Felix de la Puente: EVARISTO BUENDÍA.
José Eustasio Rivera: LA VORÁGINE.
Augusto Roa Bastos: EL TRUENO ENTRE LAS HOJAS.
Enrique Rodríguez Fabregat: EL HOMBRE QUE NO QUISO SER REY.
Ángel F. Rojas: EL ÉXODO DE YANGANA.
Pablo Rojas Paz: LOS COCHEROS DE SAN BLAS.
Pablo Rojas Paz: MÁRMOLES BAJO LA LLUVIA.
Isidoro Sagüés: BANCO INGLÉS.
Isidoro Sagüés: MAL DE CIUDAD.
Esteban Salazar Chapela: PERICO EN LONDRES.
Luisa Sofovich: HISTORIAS DE CIERVOS.
Arturo Uslar-Pietri: EL CAMINO DE EL DORADO.
Arturo Uslar-Pietri: TREINTA HOMBRES Y SUS SOMBRAS.
Bernardo Verbitsky: ES DIFÍCIL EMPEZAR A VIVIR. *(Primer premio del Concurso Ricardo Güiraldes de la Editorial Losada.)*
Bernardo Verbitsky: UNA PEQUEÑA FAMILIA.
María de Villarino: PUEBLO EN LA NIEBLA.
María de Villarino: LA ROSA NO DEBE MORIR.

MIGUEL OTERO SILVA

CASAS MUERTAS

NOVELA

Cubierta de
RAFAEL ALBERTI

EDITORIAL LOSADA, S. A.
BUENOS AIRES

Queda hecho el depósito que
previene la ley núm. 11.723

Copyright by Editorial Losada, S. A.
Buenos Aires, 1955.

ESTA NOVELA OBTUVO EL PREMIO ARÍSTIDES ROJAS
CARACAS, 1955.

IMPRESO EN LA ARGENTINA

Se terminó de imprimir el día 14 de julio de 1955, en Artes
Gráficas Bartolomé U. Chiesino, Ameghino 838, Avellaneda - Buenos Aires.

CAPÍTULO I

UN ENTIERRO

1

Esa mañana enterraron a Sebastián. El padre Pernía, que tanto afecto le profesó, se había puesto la sotana menos zurcida, la de visitar al Obispo, y el manteo y el bonete de las grandes ocasiones. Un entierro no era acontecimiento inusitado en Ortiz. Por el contrario, ya el tanto arrastrarse de las alpargatas había extinguido definitivamente la hierba del camino que conducía al cementerio y los perros seguían con rutinaria mansedumbre a quienes cargaban la urna o les precedían señalando la ruta mil veces transitada. Pero había muerto Sebastián, cuya presencia fué un brioso pregón de vida en aquella aldea de muertos, y todos comprendían que su caída significaba la rendición plenaria del pueblo entero. Si no logró escapar de la muerte Sebastián, joven como la madrugada, fuerte como el río en invierno, voluntarioso como el toro sin castrar, no quedaba a los otros habitantes de Ortiz sino la resignada espera del acabamiento.

Al frente del cortejo marchaba Nicanor, el monaguillo, sosteniendo el crucifijo en alto, entre dos muchachos más pequeños y armados de elevados candelabros. Luego el padre Pernía, sudando bajo las telas del hábito y el sol del Llano. En seguida los cuatro hombres que cargaban la urna y, finalmente, treinta o cuarenta vecinos de rostros terrosos. El ritmo pausado del entierro se adaptaba fielmente a su caminar de enfermos. Así, paso a paso, arrastrando los pies, encorvando los hombros bajo la presión de un peso inexistente, se les veía transitar a diario por las calles del pueblo, por los campos medio sembrados, por los corredores de las casas.

Carmen Rosa estaba presente. Ya casi no lloraba. La muerte de Sebastián era sabida por todos —ella misma no la ignoraba, Sebastián mismo no la ignoraba— desde hacía cuatro días. Entonces comenzó el llanto para ella. Al principio luchó por impedir que llegara hasta sus ojos esa lluvia que le estremecía la garganta. Sabía que Sebastián, como confirmación inapelable de su sentencia a muerte, sólo esperaba ver brotar sus lágrimas. Observaba los angustiados ojos febriles espiándole el llanto y ponía toda su voluntad en contenerlo. Y lo lograba, merced a un esfuerzo violento y sostenido para deshacer el nudo que le enturbiaba la voz, mientras se hallaba en la larga sala encalada donde Sebastián se moría. Pero luego, al asomarse a los corredores en busca de una medicina o de un vaso de agua, el llanto le desbordaba los ojos y le corría libremente por el rostro. Más tarde, en la noche, cuando caminaba hacia su casa por las calles penumbrosas y, más aún, cuando se tendía en espera del sueño, Carmen Rosa lloraba inacabablemente y el tanto llorar le serenaba los nervios, le convertía la desesperación en un dolor intenso pero llevadero, casi dolor tierno después, cuando el amanecer comenzaba a enredarse en la ramazón del cotoperí y ella continuaba tendida, con los ojos abiertos y anegados, aguardando un sueño que nunca llegaba.

Ahora marchaba sin lágrimas, confundida entre la gente que asistía al entierro. Habían dejado a la espalda las dos últimas casas y remontaban la leve cuesta que conducía a la entrada del cementerio. Ella caminaba arrastrando los pies como todos, en la misma cadencia de todos, pero se sentía tan lejana, tan ausente de aquel desfile cuyo sentido se negaba a aceptar, que a ratos parecíale que ella y la que caminaba con su cuerpo eran dos personas distintas y que bien podía la una seguir con pasos de autómata hasta el cementerio, en tanto que la otra regresaba a la casa en busca del llanto.

Dos mujeres la acompañaban. A un lado su madre, doña Carmelita, con el mohín de niño asustado que la vejez no había logrado borrar, llorando no tanto por Sebastián muerto, como por el dolor que sobre Carmen Rosa pesaba, sintiéndose infinitamente pequeña y miserable por no haber podido evitarle a la hija aquel infortunio. A la izquierda iba Marta, la hermana, preñada como el año pasado, heroicamente fatigada por aquella lenta marcha bajo el sol. Carmen Rosa advertía en la atmósfera la fluencia del amor de las dos mujeres, la ternura de ambas sosteniéndola para que no diera consigo en tierra.

En el trecho final cargaron la urna cuatro hombres jóvenes como Sebastián, aunque no vigorosos como lo fuera él antes de caer. Eran cuatro perfiles en ocre, aguzados como la cabeza del gavilán. Su juventud naufragaba en las miradas tardas, en los desfiladeros de los pómulos, en los pliegues que circundaban los ojos. Uno de ellos, primo hermano de Sebastián, había venido en burro desde Parapara. Los otros tres eran de Ortiz y Carmen Rosa los conocía desde niños. Había corrido con ellos por las márgenes del Paya, había matado palomas montañeras junto con ellos. El más alto, Celestino, sobre cuyos hombros caía poco menos del peso total de la urna, había estado siempre enamorado de ella, desde que corrían a la par del río y mataban pájaros. Ahora cargaba el cadáver de Sebastián, soportando el mayor peso por ser el más alto, y dos lágrimas de hombre le bajaban por los pómulos angulosos.

Se divisaba ya la tapia del cementerio, su humilde puerta con cruz de hierro en el tope y festones encalados a los lados. Carmen Rosa recordaba el texto del cartelito, escrito en torpes trazos infantiles, que colgaba de esa puerta: "No salte la tapia para entrar. Pida la llave". La tapia era de tan escasa altura que bien podía saltarse sin esfuerzo. Y no había a quien pedir la llave porque nadie cuidaba del cementerio desde que murió el viejo Lucio. El gamelote y la paja sabanera se hicieron dueños de aquellas tierras sin guardián, campeaban entre las tumbas y por encima de ellas, ocultaban los nombres de los difuntos, asomaban por sobre de la tapia diminuta.

A escasa distancia de la puerta, la marcha del cortejo se tornó lentísima. Los cuatro hombres que llevaban la urna iniciaron, con gravedad de ceremonia ritual, un viraje de sus pasos destinado a hacer girar el ataúd hasta situarlo de frente al portal del cementerio. Como en una conversión de escuadra militar, pero incalculablemente más despacio, tres de los cargadores giraban alrededor de aquel que se mantenía en el ángulo delantero izquierdo. Este último se limitaba a mover los pies, levantando humaredas de polvo seco, simulando pasos que no daba. Era una evolución muy semejante a la que cumplían los cargadores de la imagen de Santa Rosa, cuando la procesión doblaba la última esquina de la plaza y tomaba el rumbo de la iglesia. Cesaron los murmullos y los rezos, las mujeres acallaron el llanto por un instante, y sólo se oyó el arrastrarse isócrono de los pies, un largo y patético chas-chas que encerraba para aquellos hombres una honda expresión de despedida. Después lo enterraron. Eso no lo vió Carmen Rosa. Cerró los ojos con desesperada fuerza, reclinó la cabeza sobre el hombro de la madre, sintió en la garganta una sal de lágrimas que ya no salían y en el costado una herida casi física, como de lanza. A sus oídos llegaron confusamente los latinazos roncos del padre Pernía y la voz atiplada del monaguillo que decía "Amén" pensando en otra cosa.

2

REGRESARON por la misma ruta, ya sin la urna. Marchaban, también de vuelta, al paso lento y desgonzado de los que no quieren llegar adonde van. Tal vez era domingo. Sin duda era domingo, pero nadie pensaba en eso. Ninguna diferencia existía entre un martes y un domingo para ellos. Ambos eran días para tiritar de fiebre, para mirarse la llaga, para escuchar frases aciagas: "La comadre Jacinta está con la perniciosa"; "Nació muerto el muchachito de Petra Matute"; "A Rufo, el de la calle real, se lo llevó la hematuria". Apenas el padre Pernía se preocupaba por recordarles cuándo era domingo, desatando la voz de las campanas para anunciar su misa. Pero aquel día, domingo o lo que fuera, el padre Pernía presenció la dura agonía de Sebastián, amaneció junto al cadáver y las campanas no llamaron a misa porque estaban doblando desde muy temprano.

Carmen Rosa volvió a la casa, apoyada en el débil brazo de doña Carmelita y seguida por un irresoluto tropel de hombres y mujeres que no se despedían de ella porque no disponían de ánimo para hacerlo. Entraron todos por el portal de la casa, se agolparon largo rato en los corredores hablando a media voz o mirando a Carmen Rosa silenciosamente y se marcharon al fin, ya mucho después del mediodía, escurriéndose por el ancho zaguán que daba a la plaza.

El patio era el más hermoso de Ortiz, posiblemente el único patio hermoso de Ortiz. En sembrarlo, en cuidarlo, en hacerlo florecer había empecinado Carmen Rosa su fibra juvenil, tercamente afanada en construir algo mientras a su alrededor todo se destruía. Tan sólo el tamarindo y el cotoperí, plantados allí desde hacía mucho tiempo, nada les debían, salvo el riego y la ternura, a las manos de Carmen Rosa. Nacieron para soportar aquel sol, para endurecer sus troncos en la penuria, e igualmente erguidos se hallarían en el patio aunque Carmen Rosa no hubiera nacido después que ellos para regarlos y amarlos.

No así las otras plantas. Ni siquiera las añosas trinitarias que trepaban a uno y otro extremo del corredor desde que el padre Tinedo, cuando fué cura del pueblo, las sembró para doña Carmelita. Pero era Carmen Rosa quien las limpiaba de hojas secas, quien las podaba con las tijeras de la costura, quien las humedecía con agua del río cuando el cielo negaba su lluvia. Y ellas retribuían el esmero cubriéndose de flores para Carmen Rosa, farolillos encarnados la de la izquierda, farolillos púrpura la de la derecha, y elevándose ambas hasta el techo para servir de pórtico florido a todo el jardín.

Tampoco las cayenas, éstas sí sembradas por Carmen Rosa, que se alejaban hasta el confín del patio y cuyas flores rojas y amarillas sabían mecerse alegremente al ritmo seco de la brisa llanera. Mucho menos los helechos, plantados en latas que fueron de querosén o en cajones que fueron de velas, alineados como banderas verdes en el pretil, los más gozosos a la hora de beber ávidamente el agua cotidiana que Carmen Rosa distribuía. Y aún menos los capachos, nunca hechos para ser abatidos por aquel viento áspero, pero a quienes la solicitud de Carmen Rosa y la sombra del cotoperí hacían reventar en flores rojas cual si se hallasen en otra altura y bajo otro clima.

Ni otras plantas más humildes que no engalanaban por las flores sino por la gracia de sus hojas y cuyos nombres sólo Carmen Rosa conocía en el pueblo: una de hojas largas veteadas en tonos rojos y pardos; otra de hojas redondas y dentadas, casi blancas, como de cristal opaco; otra de hojas menuditas que ascendían y caían de nuevo con la elegancia de un surtidor. Todas ellas, y la pascua con sus grandes corolas rosadas, y los llamativos racimos de las clavellinas, y el guayabo cuyos frutos eran protegidos desde pintones con fundas de lienzo que los libraban de la voracidad de los pájaros, todas aquellas plantas debían su lozanía, su vigor, su existencia misma a las manos de Carmen Rosa.

Tanto o más le debía la mujer al jardín. Sembrar aquellas matas, vigilar amorosamente su crecimiento y florecer con ellas cuando ellas florecían, fué el sistema que Carmen Rosa ideó, desde muy niña, para abstraerse de la marejada de ruina y lamentaciones que sepultaba lenta y fatalmente a Ortiz bajo sus aguas turbias. Aquel largo corredor de ladrillos que daba vuelta al patio, aquel claustro con pórtico de trinitarias y relieves de helechos, eran su mundo y su destino. Desde ese sitio había visto transcurrir tardes, meses, años, toda su adolescencia, oyendo el canto de los cardenales y de los turpiales, respirando el aroma de las flores y el olor de las plantas recién mojadas por la lluvia. Y ella creía con firmeza —¿cómo podría ser de otra manera?— que solamente su presencia en aquel pequeño cosmos vegetal del cual formaba parte, su contacto constante con el verde pulmón del patio, le había permitido crecer y subsistir, no abatida por fiebres y úlceras como los habitantes del pueblo, sino fresca y lozana como la ramazón del cotoperí.

3

EL PATIO era diferente después de la muerte de Sebastián. Las lágrimas habían retornado a los ojos de Carmen Rosa y la silueta altanera del tamarindo le llegaba difuminada, como cuando la enturbiaba el aguacero. Aquel tamarindo de duro tronco era el árbol más viejo del patio y también el más recio. Ella creyó que Sebastián era invulnerable como el tamarindo, que jamás el viento de la muerte lograría derribarlo. Y ahora no acertaba a comprender exactamente cómo había sucedido todo aquello, cómo el pecho fuerte y el espíritu indócil se hallaban anclados bajo la tierra y el gamelote del cementerio, al igual que los cuerpos enclenques y las almas mansas de tantos otros.

En el interior de la tienda trajinaba doña Carmelita. Escuchaba su ir y venir detrás del mostrador, cambiando de sitio frascos y botellas, abriendo y cerrando gavetas. Sabía que su madre realizaba aquellos movimientos maquinalmente, con el pequeño corazón estremecido por el dolor de la hija, debatiéndose entre el ansia de venir a murmurarle frases de consuelo y la certeza de que esas frases de nada servirían. La tienda ocupaba un amplio salón de la casa, situada justamente en la esquina de la manzana, con dos puertas hacia la calle lateral y otra hacia la plaza de Las Mercedes.

—¡Medio kilo de café en grano, doña Carmelita! —chilló una voz infantil y Carmen Rosa reconoció la de Nicanor, el monaguillo que decía "Amén" en el cementerio.

Después llegaron dos o tres mujeres que hablaban en voz baja y respetuosa. Hasta el corredor trascendió apenas el rumor de esas voces, la resonancia del trajín de doña Carmelita, el tintineo de las monedas y el sonido amortiguado de los pasos que entraron y salieron de la tienda.

Así fué atracando la tarde en el patio, haciendo más oscuro el verde del cotoperí y apagando el aliento caliente del resol. Por la puerta del fondo entró Olegario con el burro. A lomos del animal venía del río el barril con el agua. Olegario lo descargó al pie del tinajero, como todos los días, y se acercó tímidamente, dándole vueltas al sombrero entre las manos torpes, para decir:

—Buenas tardes, niña Carmen Rosa. La acompaño en su sentimiento.

En ese instante sonaron de nuevo las campanas. Era el toque de oración pero Carmen Rosa se sobresaltó porque no había sentido correr las horas, ni apercibido la llegada del atardecer. En el vano de la puer-

ta que unía el salón de la tienda con el corredor de la casa se dibujó la silueta de doña Carmelita.
—¡El Ángel del Señor anunció a María! —dijo.
Y Carmen Rosa respondió, como todas las tardes:
—Y concibió por obra y gracia del Espíritu Santo.

CAPÍTULO II

LA ROSA DE LOS LLANOS

4

Aquella noche Carmen Rosa permaneció muchas horas inmóvil, a la luz de la lámpara que doña Carmelita había traído consigo. Las sombras borraron el color de las flores y el perfil de las matas, destacándose solas contra el cielo las ruinas de la casa vecina. Había sido una casa de dos pisos y las vigas rotas del alto apuntaban por sobre de las ramas de los árboles como extrañas quillas de barcos náufragos. Una casa muerta, entre mil casas muertas, mascullando el mensaje desesperado de una época desaparecida.

Todos en el pueblo hablaban de esa época. Los abuelos que la habían vivido, los padres que presenciaron su hundimiento, los hijos levantados entre relatos y añoranzas. Nunca, en ningún sitio, se vivió del pasado como en aquel pueblo del Llano. Hacia adelante no esperaban sino la fiebre, la muerte y el gamelote del cementerio. Hacia atrás era diferente. Los jóvenes de ojos hundidos y piernas llagadas envidiaban a los viejos el haber sido realmente jóvenes alguna vez.

Carmen Rosa había prestado siempre más atención que nadie a aquellas historias de un ayer alucinante. Cuando niña no empleó su imaginación en crear un mundo donde las muñecas son seres vivos, la tortuguita un ogro y el arrendajo un príncipe que espanta a las brujas con su canción. Eso quedaba para su hermana Marta que se ponía a llorar cuando a Titina, la muñeca, le daba calentura. Pero Carmen Rosa prefería reconstruir a Ortiz, levantar los muros derruidos, resucitar a los muertos, poblar las casas deshabitadas y celebrar grandes bailes en "La Nuñera", con orquesta de siete músicos y farolitos de papel pintado.

Y como a todos los viejos les deleitaba hablar del pasado, como ya no vivían sino para hablar del pasado, a Carmen Rosa le resultaba faena sencilla recoger evocaciones aquí y allá —un personaje, un decorado, un episodio, una canción— para reedificar con ellas una imagen viva de la ciudad muerta. Hermelinda la de la casa parroquial, la señorita Berenice la maestra de escuela, el descreído señor Cartaya, hasta Epifanio el de la bodega, tan gruñón y tan de pocas palabras, todos murmuraban más o menos lo mismo al ver asomar a Carmen Rosa:

—Ya viene esa muchachita con su curiosidad y su preguntadera.

Pero no les desagradaba, naturalmente que no les desagradaba, oírla indagar por las cosas de ayer y mucho menos verla escuchar subyugada cuanto le referían, verdad o mentira, y reír cuando valía la pena hacerlo y enjugarse dos lágrimas cuando era triste lo que había acontecido tantos años atrás. Más aún, si pasaban tres días y Carmen Rosa no aparecía en la casa parroquial ni en la bodega, ni en el oscuro caserón del señor Cartaya, eran los viejos quienes se trasladaban a su casa con cualquier pretexto y la reconvenían:

—¿Has estado enferma, muchacha? —preguntaba Cartaya.

—¿Te fastidiaste de mis historias? —rezongaba Epifanio.

—¿No estarás enamorada? —insinuaba Hermelinda.

Hermelinda, la de la casa parroquial, formaba parte indivisible de la iglesia, como el San Rafael que estaba al lado del altar mayor, o como la piedra rústica del bautisterio, o como las flores de papel blanco con lunares de moscas que rendían homenaje a la imagen de la Virgen del Carmen. Hermelinda había nacido en una casa cercana al templo, sólido templo de construcción que en construcción quedóse para siempre. Desde muy pequeña había pasado a vivir en la casa parroquial. Primero como niña recogida por la mano caritativa del padre Franceschini, para ir a los mandados y regar las matas del patio; luego, con el padre Tinedo, como empleada para todos los oficios, cocinar, lavar, aplanchar, barrer la casa y cuidar de la iglesia; ahora, con el padre Pernía, como disponedora de todas las cosas prácticas, suerte de ama de llaves, archivo de las vidas y de las muertes de todos los habitantes del pueblo. De los tres curas para quienes había servido, mucho más de los dos primeros que del último, hablaba Hermelinda sin parar cuando Carmen Rosa acudía a visitarla. Había tenido Ortiz otros curas, había trabajado también Hermelinda para ellos, pero jamás desfilaron por sus evocaciones ni mencionaba sus nombres.

—No ha pasado por este pueblo un hombre más inteligente, ni más bueno, ni más sabio que el padre Franceschini —decía—. Era un santo y era testarudo como todos los santos. No quiso nunca nacionalizarse venezolano porque le parecía que dejar de ser italiano era renegar de algo que había nacido con él. Y el padre Franceschini nunca renegó de nada. Aunque sabía que nacionalizarse venezolano, con todo lo que él tenía por dentro, significaba llegar a ser obispo...

Y comenzaba a narrar las fiestas religiosas que el padre Franceschini organizaba, justamente cuanto Carmen Rosa deseaba porque al conjuro de ese relato se iba levantando Ortiz de sus escombros.

—¡Qué procesiones, mi hijita, qué procesiones! Para la Semana Santa venía gente desde muy lejos, desde Calabozo, desde La Pascua, sin contar los de Parapara, San Sebastián y El Sombrero que se la pasaban metidos aquí. Figúrate que Ortiz tenía dos parroquias y dos jefes civiles y dos curas. Y el Viernes Santo se desprendía la Dolorosa desde Santa Rosa, tomaba después por la calle real, iba hasta Las Mercedes y volvía a Santa Rosa por otras calles, acompañando al Santo Sepulcro, al paso de una música triste de tambor y flauta, seguida por una colmena de mujeres con velas encendidas, hombres de liquiliqui y muchachos haciendo travesuras...

Era poblar las ruinas. El padre Franceschini, con musical acento italiano, derramaba un sermón elocuente desde el púlpito de Santa Rosa y prometía, después de hacer llorar a sus feligreses con la pasión de Cristo, convertir aquella iglesia en una de las más bellas de la provincia venezolana. Los altares estallaban de flores cortadas en los jardines de Ortiz y la Virgen del Carmen no se resignaba a las flores blancas de papel con lunares de moscas sino que al pie de su imagen terminaban de abrirse las mejores rosas del pueblo. Damas de crinolina y trajes de encaje susurraban una oración o escondían una sonrisa detrás del abanico de marfil. Carmen Rosa guardaba una fotografía de la abuela, que el sepia del tiempo hacía

más evocadora, ensayando un paso de minuet. ¡Minuet en Ortiz, Santo Dios!
Pero luego Hermelinda dejaba de hablar del padre Franceschini y comenzaba Ortiz a derrumbarse. Llegó la fiebre amarilla en el 90. En seguida aparecieron el paludismo, la hematuria, el hambre y la úlcera. Se esfumaron los airosos contornos del padre Franceschini. La espléndida iglesia quedó a medio construir, desnudos los ladrillos de las paredes, arcos sin puertas, ventanas sin hojas.

—Vinieron muchos curas, mi hijita, pero ninguno soportó esto. Hasta que un Domingo de Ramos, montado en un burro como Jesús, llegó el padre Tinedo y se quedó con nosotros. Ése sí era otro hombre. Muy distinto al padre Franceschini, es verdad, pero otro hombre. ¡Dios lo haya perdonado!

Y sonreía siempre al nombrarlo. Porque el padre Tinedo no había tenido ni la prestancia, ni la cultura, ni la elocuencia, ni el abolengo del padre Franceschini. Era simplemente un hombre del pueblo con una sotana encima y un gran corazón por dentro.

—Hasta tomaba aguardiente —refunfuñaba Hermelinda—. Cuando yo le reclamaba, me respondía que lo hacía para espantar las enfermedades, que el alcohol era un gran desinfectante, que su olor ahuyentaba a los mosquitos malignos. Pero la verdad, mi hijita, era que tomaba porque le gustaba mucho.

Fué realmente un gran bebedor el padre Tinedo. Epifanio, el de la bodega, le despachaba la primera yerbabuena "—Dáme mi yerbabuenita, Epifanio..."— cuando apenas había concluído sus oraciones matinales. Y entre yerbabuena y yerbabuena se le pasaban las horas del día y algunas de las de la noche. A la casa parroquial lo trajeron en vilo uno que otro sábado, cuando la yerbabuena podía más que él.

—Pero era muy bueno, mi hijita. No hubo casa con calentura o con hambre, aquí en Ortiz o en las afueras, donde no se apareciera el padre Tinedo, con sus tragos encima, es verdad, dispuesto a dar lo que tuviera. Primero daba lo suyo y después lo de la Virgen del Carmen y lo del templo y lo que le cayera en la mano. Decía que la Virgen no necesitaba velas, ni la iglesia que la terminaran, ni Santa Rosa procesión, mientras se estuvieran muriendo como moscas los prójimos. Y sacaba lo poco que caía en los cepillos de los santos para comprar quinina y leche condensada. ¡Dios lo haya perdonado!

Además, la gracia llanera del padre Tinedo no se dejó desmantelar por el turbión de desgracias. Su buen humor, agudizado por el espíritu de las yerbabuenas, logró sobrevivir no obstante que sobre sus débiles espaldas se derrumbó la ciudad y hubo días de recitar siete De Profundis en el cementerio.

—Una vez —refería Hermelinda— estaba diciendo un sermón contra el egoísmo. ¡Ay, mi hijita!, y con la iglesia llena de beatas, delante de las señoritas viejas más decentes de Ortiz, lo terminó de esta manera: "Y esto del egoísmo lo he dicho también por ustedes, mujeres que ni se casaron ni parieron solteras. Como quien dice, que nada le dieron a Dios, ni tampoco le dieron al Diablo. En nombre del Padre, del Hijo y del Espíritu Santo, Amén"... Y se bajó del púlpito. ¡Dios lo haya perdonado!

5

EL SEÑOR CARTAYA no veía el pasado de Ortiz a través de sus curas. Por el contrario, con todos ellos había tenido argumentos porque el señor Cartaya fué federalista en su adolescencia, liberal y crespista luego, masón siempre. Aún ahora, viejo y vacilante como andaba por el estrecho corredor oscuro, el señor Cartaya realizaba prodigiosos esfuerzos visuales para releer páginas de un libro de Renán y de otro de Vargas Vila que eran los únicos supervivientes de su biblioteca librepensadora.

A Carmen Rosa le placía particularmente la charla del señor Cartaya porque ninguno como él evocaba el fausto de otros tiempos. Había sido también músico de la banda, porque el Ortiz remoto tuvo banda y el señor Cartaya tocaba entonces la flauta bajo los robles de la plaza, como también la tocaba en la orquesta que regía los grandes bailes, y la hacía llorar en la procesión de la Dolorosa o estallar de pasodobles en las tardes de toros coleados.

A la casa del señor Cartaya se le había caído la mitad, no obstante haber sido en su origen una sólida construcción española de dos pisos, vigas de dura fibra, calicanto y ladrillos bien cocidos. Ahora lucía como seccionada por el mandoble de un gigante, como esas casas belgas partidas por los cañones alemanes que Carmen Rosa había visto en las postales aliadas de 1917. No es que fuera la casa de Cartaya porque éste la hubiese comprado o heredado, sino que pasó a ocuparla graciosamente cuando sus dueños la abandonaron y empezaron a poblarla los lagartijos y a espinarla los ñaragatos. A Cartaya se le nublaron los ojos. En aquella casa había tocado la flauta con toda el alma juvenil aventada en las notas del vals, confundido en la orquesta, mientras Isabel Teresa bailaba con el general Pulido. Isabel Teresa, rubia e hija de godos, educada en Caracas por monjas francesas, apenas se enteró de la existencia de un músico liberal y masón que casi desfallecía mientras tocaba la flauta y la miraba. Al poco tiempo se casó con el general Pulido y se marchó para siempre de Ortiz. Pero al pobre Cartaya le quedó aquel recuerdo, el de una sonrisa que le concedió Isabel Teresa, el de una mirada de los insólitos ojos verdes de Isabel Teresa, punzándole el corazón con la saña del ñaragato. Por eso ocupó la casa cuando ya nadie quiso habitarla, la limpió de sabandijas y de plantas salvajes y decidió esperar en ella la muerte, solterón y solo, fumando sus tabaquitos de a locha y adivinando su Renán con ojos ya cansinos. Hasta que llegó Carmen Rosa a preguntarle por los tiempos viejos.

—Ésta era la capital del Guárico, niña. La ciudad más poblada y más linda del Guárico, la rosa de los Llanos.

"Sol de los Llanos", por cierto, se llamaba la Logia y el señor Cartaya, que llegó a ser grado 33, se sentaba entre el doctor Vargas y Rosendo Martínez, para oírlos hablar de la Revolución Francesa o de Thiers y Gambetta. Era una Logia pulcra y culta, ceremoniosa y caritativa, digna enemiga de su temible contendor el padre Franceschini.

El combate entre los masones y el cura paraba en un armisticio todos los años, el 30 de agosto, día de Santa Rosa. Por algo era ella la patrona del pueblo, la más primorosa patrona de todos los pueblos del Llano. Ese día el señor Cartaya olvidaba su grado 33 para tocar la flauta, montado en el alto coro de la iglesia, mezclando sus notas afiladas con las del bronco corazón del órgano y con la voz de barítono napolitano del padre Franceschini. Y seguía tocando la flauta luego, señalando el rumbo a las tiernas voces de las Hijas de María, en todo el recorrido de la procesión. Y más tarde bajo los robles de la plaza; y en el baile de gala hasta la madrugada y aun después del baile, acompañando a los arrendajos del amanecer, cuando corría con generosidad el brandy, que todos los años corría.

—Ortiz echaba la casa por la ventana, niña. Y los orticeños nos fajábamos con los coleadores del bajo Guárico, con los galleros de Calabozo y Zaraza, con los cantadores de Altagracia y La Pascua. Y en materia de fuegos artificiales, nadie podía con nosotros.

Medio siglo, ¡y qué medio siglo!, no había logrado marchitar el orgullo del señor Cartaya con respecto a los fuegos artificiales de Ortiz. El amanecer del día de Santa Rosa se anunciaba por el estampido de cohetes y cohetones, más madrugadores aún que las campanas de la iglesia. Apenas concluída la misa, ya estaban allí los triquitraques y los buscapiés, culebrillas rojas serpeando entre los zaguanes, asustando a las beatas con su chisporreteo, enredándose entre las piernas de "La Burriquita". Y al promediar la tarde, cuando Santa Rosa surgía linda y juvenil por el ancho portal de la iglesia, resonaba el trueno gordo de los voladores que ascendían desde la propia plaza central o que salían a cruzar el cielo desde Las Topias, Banco Arriba y El Polvero.

—Eran barrios del viejo Ortiz, niña —suspiraba

Cartaya—. No intentes buscarlos ahora porque ni las ruinas quedan. Ahí mismito, tres cuadras más allá de la carretera, donde ahora no se ve sino paja seca y no se oye sino la escapada de las iguanas, se levantaban las casas de Las Topias, Banco Arriba y El Polvero, cuando Ortiz era ciudad...

Pero lo realmente grandioso era la noche. Para la noche de Santa Rosa reservaba el pueblo su atronante homenaje en luz y pólvora a la tierna patrona. Meses enteros pasaban el italiano Cecatto, su mujer y sus hijos, fabricando aquellos surtidores de llama que luego se abrían en la noche llanera. La girándula que daba vueltas enloquecida y lanzaba chorros de luz en todas direcciones. El árbol de fuego que florecía de candela su ramazón hasta quedar convertido en el boceto otoñal del varillaje. El castillo de fuego que ardía entre estampidos como en una escena fantástica de guerra y vandalaje. El toro de fuego, resoplando llamas por las toscas narices de cartón, monstruo infernal batallando entre la hoguera que lo destruía.

—La última gran fiesta de Ortiz —precisaba el viejo Cartaya— fué en el 91, cuando Andueza preparaba el continuismo. Carlos Palacios, primo de Andueza, lanzó su candidatura a la presidencia del Guárico y lo festejó con bailes y terneras que hicieron época. En la plaza de Las Mercedes se levantó en siete días, con troncones de madera y piedras del río, un circo de toros. "Los Cimarrones" se llamaban los toreros que vinieron desde Caracas para la corrida. Y corrió el aguardiente como si hubiera sido lluvia del cielo. Y yo toqué la flauta tres días con sus noches. Y ni Andueza pudo reelegirse, ni Carlos Palacios llegó a presidir el Guárico, porque no se los permitió mi general Joaquín Crespo, de Parapara.

Fueron los últimos destellos de "la rosa de los Llanos". Ya había pasado la fiebre amarilla pero el paludismo comenzaba a secarle las raíces a la ciudad llanera. Sin embargo, bajo la presidencia de Crespo, parapareño que es casi como decir orticeño, vivió Ortiz horas de fugaz esplendor, debatiéndose contra un destino que estaba ya trazado. El doctor Núñez, secretario general de Crespo, había nacido en el propio Ortiz. En su casa, "La Nuñera", se celebraron grandes banquetes, a los cuales asistió Crespo en persona en más de una ocasión. Cartaya recordaba al caudillo llanero, montado en un caballo blanco, resuelto a colear un novillo entre los tranqueros de la calle real.

—Y desde que lo mataron —concluía Cartaya— hubo que borrar del lenguaje venezolano la palabra "caudillo"...

6

En otras ocasiones el señor Cartaya se desviaba de los acontecimientos de proyección histórica, del acampar de guerrillas famélicas en las calles de Ortiz, de la descripción de festejos y ceremonias, para referir retazos de vidas de gentes de la región. Los héroes de esos relatos estaban todos muertos y sepultados, no en el humilde cementerio nuevo de tumbas encaladas sino en el viejo y lujoso camposanto cuyos altivos túmulos abandonados podían verse aún, asomados entre cujíes y chaparrales, si se caminaba un buen trecho desde la iglesia de Santa Rosa, rumbo al noroeste.

—Cuénteme la historia de Juan Ramón Rondón —le pedía Carmen Rosa una noche.

—Pero niña —rezongaba Cartaya complacido—. ¿Otra vez? Si ya te la debes saber de memoria.

Carmen Rosa esbozaba un ademán de protesta que sabía innecesario porque ya Cartaya se disponía a reiniciar aquel relato tan propicio a las noches sin luna, cuando las pocas luces del pueblo adquirían un brillo blanquecino y emanaba una tristeza recóndita de las casas caídas.

—Juan Ramón Rondón era un muchacho de Ortiz, buen jinete y buen gallero, que llevaba amores clandestinos con la esposa del hacendado Pedro Loreto...

Cuando el marido ensillaba la mula y tomaba la trocha que conducía a la hacienda, Rondón la esperaba en la otra orilla del río, a la sombra de un bosque que la estación de lluvias salpicaba de pascuas moradas.

—Hasta que una vecina —contaba Cartaya—, extrañada por aquellos paseos de la señora, le fué con el cuento a Loreto. Y el marido, ya en sospechas, anunció un viaje largo de cinco días, se despidió de su mujer con el más tierno abrazo y, en la mula bien provista de bastimento, salió por el camino real que iba a La Villa.

Los amantes decidieron encontrarse esa noche en la casa de ella. Era justamente su más hondo deseo, besarse entre cuatro paredes y no en el monte, no hostigados por las espinas de los cardones, no con la mitad del corazón puesta en el beso y la otra mitad encogida por el temor de que alguien, un cazador, un niño vagabundo, un caminante extraviado, los sorprendiese.

—Aquella misma noche —continuaba Cartaya—. esperó Juan Ramón Rondón que se apagaran las luces de Ortiz, que se cerraran las puertas del billar, que se retiraran los conversadores de las esquinas, antes de tomar el camino de la casa de Pedro Loreto.

Pasada la plaza de Las Mercedes, ya apagado a su espalda el rumor del Paya, Juan Ramón vió venir en sentido contrario una hamaca que cargaban dos hombres de larga sombra. Al principio supuso que traían un enfermo, pero luego, al observar el lado azul de la cobija hacia arriba, a la luz del farol que un tercer hombre llevaba, comprendió que se trataba de un cadáver.

Ya se cruzaba con ellos. Se descubrió Juan Ramón y formuló sin detener el paso la pregunta ritual:

—¿Quién es el difunto?

Y el del farol, flaco bejuco embozado, respondió con voz ronca que se tornaba prolongado calderón en el arrastrar de las oes:

—¡Juan Ramón Rondón!

Su propio nombre. Se estremeció y preguntó luego, como si ya estuviera enterado de la forma en que había muerto aquel desventurado homónimo suyo:

—¿Quién lo mató?

—¡Pedro Loreto! —le respondió la espesa voz del hombre del farol.

Y se alejaron, en tanto que Juan Ramón Rondón proseguía su camino sin entusiasmo. Aquel muerto que tuvo su mismo nombre, asesinado por un hombre cuyo nombre era igual al del marido de su amante, lo había puesto caviloso y desazonado. En ese trance se hallaba cuando, al doblar un recodo, divisó un segundo farol que avanzaba a su encuentro.

Era una hamaca idéntica a la primera, una cobija con el lado azul hacia arriba, un cadáver de iguales dimensiones. No así los cargadores, esta vez dos ancianos desharrapados, de franelas mugrientas, ni el farolero, esta vez un enano de hinchada, monstruosa cabeza.

—¿Quién es el difunto? —volvió a decir impensadamente Juan Ramón, como movido por una voluntad ajena a la suya.

Y el enano, con voz más ronca que la del primer farolero, aún más sostenido el calderón de las oes:

—¡Juan Ramón Rondón!

—¿Quién lo mató?

Conocía de antemano la respuesta que se le venía encima:

—¡Pedro Loreto!

Otra vez su nombre y otra vez el del marido a quien burlaba. Los dedos fríos del miedo se cerraron en la garganta de Juan Ramón, le paralizaron el correr de la sangre, le espantaron el amor y el deseo. Conteniendo el aliento desanduvo lo andado y regresó a su casa.

—Cien pasos más allá de la segunda hamaca —concluía Cartaya— pasó Pedro Loreto toda la noche, con una lanza apureña en la mano, esperando a un hombre para clavársela en el costado.

A Carmen Rosa le agradaba en extremo aquella historia donde nada sucedía finalmente. Donde no obstante los augurios de muerte que la voz y los gestos de Cartaya sugerían mientras la relataba, las cosas continuaban como estuvieron y los amantes seguían viéndose y besándose asustados en un umbroso recodo del río.

CAPÍTULO III

LA SEÑORITA BERENICE

7

Cuando Carmen Rosa nació ya Ortiz había comenzado a desplomarse. Entre ruinas dió sus primeros pasos y ante sus ojos infantiles fueron surgiendo nuevas ruinas. Aquella casa de dos pisos, frente a la plaza, no estaba todavía tumbada cuando Carmen Rosa hizo la primera comunión. Se derrumbó más tarde, cuando sus dueños la abandonaron y vinieron unos hombres desde San Juan a llevarse las tejas y las puertas. Carmen Rosa recordaba las sólidas puertas de oscura madera y las aldabas formadas por monstruos de metal con cuellos de serpientes en cuyos vientres de cabras se engarzaban las pesadas argollas.

Era una de sus travesuras favoritas hacer sonar las grotescas aldabas cuando regresaba con Marta de la escuela. Marta le tenía miedo al ruido bronco del golpe, le tenía miedo a las horribles quimeras de las aldabas, y a los dueños de la casa cuando la casa tuvo dueños y a los fantasmas de la casa cuando los dueños la deshabitaron. Pero tenía que quedarse en su sitio, porque también le daba miedo echar a correr, mientras Carmen Rosa tomaba con ambas manos aquellos feroces demonios de bronce y los dejaba caer una y otra vez sobre las chapas de metal de la puerta.

El recinto de la escuela era el corredor de la casa de la señorita Berenice, ocupado por tres largos bancos sin espaldar, la mesa de la maestra y un viejo pizarrón que la señorita Berenice encharolaba todos los años. Era una escuela de niñas. Las alumnas no pasaban de veinte en aquellos tiempos, pero muy rara vez asistieron todas juntas a clases. Siempre sucedía lo mismo:

—Manda a decir misia Socorro que Elenita no puede venir hoy porque está con calentura.

—Que la niña Lucinda no se pudo levantar hoy de la cama.

La que no se enfermaba nunca era Carmen Rosa. Y como, por añadidura, era la única que prestaba real atención a las cosas que la señorita Berenice decía, alguien hubiera podido pensar que la maestra dictaba las clases exclusivamente para ella.

—Como tú eres la consentida... —se lamentaba Marta, o Elenita o cualquier otra.

Y Carmen Rosa sonreía sin concederle importancia al dicho. Si ella gozaba el privilegio de venir diariamente a clase era porque el paludismo no le hacía arder la sangre; si podía estudiar en la casa era porque el anquilostomo no le haba roído la voluntad. Y le sobraban fuerzas para saltar por sobre las hierbas que asomaban entre las grietas de las aceras y para encaramarse a las matas de guayaba y para nadar en el río y para lanzar piedras a los pájaros, como los varones.

Un vez fué con los varones y con Marta hasta el cementerio viejo. Marta, naturalmente, temblando de miedo se negó a acompañarlos. Pero Carmen Rosa le infundió ánimo y, como estaba con ellas la figura guardiana de Olegario, Marta concluyó por arrostrar la aventura.

Era preciso abandonar el camino y atravesar una

siembra de frijoles para divisar la tapia del cementerio abandonado. Ya no existía el portal. La propia tapia se había derrumbado en muchos sitios, pero la trabazón de los bejucos, las pencas superpuestas de las tunas, los troncos y las ramas de los cujíes, ocultaban las tumbas. Olegario usó el machete y abrió una pequeña trocha para que pasaran las niñas. Ya los varones se habían escurrido por entre las lianas como cabras y uno de ellos, tenía que ser Panchito, se había trepado al mausoleo más alto y desde allá arriba silbaba imitando el canto de los turpiales.

Carmen Rosa estaba maravillada. Aquél había sido, sin duda alguna, el cementerio de la gente rica de Ortiz, cuando Ortiz fué flor de los Llanos y capital del Estado Guárico. Del mar de plantas ásperas surgían, aquí y allá, las grandes masas blancas de las tumbas. Había una de más de cinco metros de altura cuyo tope se alzaba como torre de piedra por encima de la ramazón del cují más crecido. Por el suelo, tiradas, cual si un ventarrón las hubiera arrancado de su base, yacían cuatro enormes copas truncas. Otra gran tumba remataba en una cruz de hierro, y colgante de un brazo de la cruz, se mantenía una corona. Era una corona de metal, con florecillas negras hechas de una pasta vidriada que inexplicablemente había resistido al tiempo y a los rigores de aquel descampado. Pero no se leían nombres ni inscripciones en ninguna de las tumbas. Carmen Rosa y los otros buscaron afanosamente una palabra escrita, un apellido, una fecha, pero no los hallaron. Era un cementerio anónimo, impersonal, tanto que la ausencia absoluta de caracteres hacía sospechar por un instante que ahí no estaba enterrado nadie y que aquél era apenas un antiguo y desamparado modelo ornamental de cementerio.

Los pasos infantiles resonaron largo rato, en diversas direcciones, sobre las hojas secas y resecas que cubrían el suelo. Eran hojas de varios inviernos, desde la recién caída, hasta la que ya era parte de la tierra, tierra misma. Los detuvo la pared del fondo, que no era propiamente una pared sino una múltiple tumba vertical, agujereada de bóvedas. Panchito introdujo la mano derecha, el brazo entero, por una de aquellas oquedades y, despertando el grito entusiasta de sus compañeros, extrajo una calavera.

Carmen Rosa inició un gesto de desagrado. No tenía todavía un concepto definido de la muerte, pero no le caía en gracia la muerte, como no le caían en gracia el dolor, ni el llanto, ni la melancolía. Martica, por su parte, rompió a llorar aterrada. Olegario gruñó una reprimenda:

—¡Ah, muchacha más zoqueta!

Pero Panchito sepultó nuevamente la calavera en el negro boquete que la anidaba y se acercó a consolar a la afligida:

—Si yo hubiera sabido que te ibas a poner a llorar, no la saco. Pero ¿sabes?, ese hombre se murió hace como cien años. A lo mejor no era ningún hombre sino un araguato. ¿Tú no has oído decir que los araguatos tienen los huesos igualitos a los hombres? Además, Martica, te pones muy fea cuando lloras. Y a mí no me gusta verte fea.

Este último argumento resultó tal vez el más poderoso. Martica dejó de llorar, enjugó las dos últimas lágrimas con el extremo de la manga de su vestido y esbozó una tenue y confiada sonrisa.

Para aquel entonces Panchito tenía once años y Marta no pasaba de ocho.

8

El padre de Carmen Rosa estaba vivo. Estuvo vivo mucho tiempo, sin estarlo. Antes de "la tragedia", que así decían todos en el pueblo al referirse al suceso que mató en vida al señor Villena, el padre de Carmen Rosa fué uno de los hombres más importantes de Ortiz, tal vez el más importante en la balanza del respeto público. El señor Cartaya se lo había repetido muchas veces:

—Tu padre era un hombre recto como el tronco del tamarindo. Y trabajaba como no ha trabajado jamás nadie en este país de zánganos. Aunque nació muchos años después que yo, la verdad es que yo lo trataba con la consideración que se debe a los mayores.

Pero no era solamente el señor Cartaya. Carmen Rosa oía hablar en todas partes de su padre como si estuviera muerto, aunque en realidad seguía estando vivo y comiendo con ellos en la misma mesa y paseándose al despuntar la mañana por entre las matas del jardín. Y en todas partes elogiaban por igual su extinta laboriosidad infatigable, su extinto coraje frente a la vida, su extinta lucidez de pensamiento.

Su padre había sido agricultor, ganadero, comerciante. Tuvo una hacienda, entre Ortiz y San Francisco de Tiznados, de café y tabaco. Dentro de la hacienda estaba el hato, con cincuenta vacas lecheras. A Carmen Rosa la llevaron una vez a la hacienda, cuando tuvo la tos ferina. Pero sólo le quedaron dos recuerdos gratos: el bucare florecido que moteaba de grana el anchuroso verdor del cafetal y el llanto afanoso de los becerros en demanda de la ubre. Lo demás fué ahogarse de tos entre las faldas de la madre.

Además de la hacienda y del hato, don Casimiro Villena, tenía el almacén de Ortiz, "La Espuela de Plata. Detal de Licores", encajado en un ángulo de la casa con puertas hacia la calle lateral y hacia la plaza de Las Mercedes. Aquí y allá se prodigaba con singular diligencia. Se levantaba de madrugada, montaba el caballo ensillado por Olegario y llegaba al hato con el amanecer, a vigilar el ordeño de las vacas, a cooperar en el ordeño con sus propias manos. Llevaba él mismo las cuentas de la hacienda y sabía exactamente el número de matas, dónde estaban sembradas, cuánto producían en cada cosecha. Iba hasta Villa de Cura en mula, a negociar los productos de la hacienda y a comprar mercancías para la tienda. Despachaba tras del mostrador, cuando estaba en la casa, quitándole el puesto a Olegario.

—¡Medio de manteca, don Casimiro! —y servía la manteca.

—¡Dos torcos, don Casimiro! —y llenaba los vasitos de torco.

—¡Una vara de zaraza, don Casimiro! —y medía la vara de zaraza.

Y cuando no había nada que hacer en la tienda, o era domingo, don Casimiro desclavaba cajones, fabricaba taburetes y repisas, curaba el moquillo a las gallinas o desarmaba un despertador maltrecho para hacerlo marchar de nuevo.

Carmen Rosa recordaba solamente las postreras manifestaciones de aquella permanente, febril actividad, de aquel siempre estar haciendo algo útil que delineaba la imagen de su padre, no como la de un ser humano con debilidades y desfallecimientos, sino como la de una operante maquinaria con apariencia de hombre.

Después sobrevino "la tragedia". La tragedia se produjo durante la peste española, al concluir la guerra europea. Sobre aquel pobre pueblo llanero, ya devastado por el paludismo y la hematuria, ya terrón seco y ponedero de plagas, cayó la peste como zamuro sobre un animal en agonía. Murieron muchos orticeños, cinco por día, siete por día, quince por día, y fueron enterrados quién sabe dónde y quién sabe por quien. Otros, familias enteras, huyeron despavoridos, dejando la casa, los enseres, las matas del patio, el perro. Desde entonces adquirió definitivamente Ortiz ese atormentado aspecto de aldea abandonada, de ciudad aniquilada por un cataclismo, de misterioso escenario de una historia de aparecidos.

Don Casimiro Villena cayó enfermo. La peste lo derribó con una fiebre que iba más allá del límite previsto por los termómetros. Su piel quemaba a quienes la tocaban, como las piedras de un fogón encendido. A las pocas horas de aquella ininterrumpida combustión interior, don Casimiro comenzó a delirar, a balbucir frases incoherentes, a relatar episodios que nunca habían sucedido, a ver fantasmas en los rincones del cuarto.

—¡Déjame en paz, alma de Julián Carabaño, déjame en paz!

Incluso voceaba palabra soeces que doña Carmelita jamás había escuchado antes y que oía entonces sin entenderlas, sacudida de espanto, acurrucada en el mecedor de esterilla y encomendándose a las ánimas del purgatorio.

Finalmente, después de muchos días de arder como un pabilo, cedió la fiebre. Pero quedó el delirio, el desvarío, la ausencia. Don Casimiro Villena dejó de ser quien era para transformarse en una sombra que vagaba por los corredores de la casa gruñendo murmullos que no llegaban a palabra, articulando palabras que no llegaban a frase. Doña Carmelita sostenía que no fueron la peste ni la fiebre las causas verdaderas de "la tragedia", sino el tanto trabajar, el escaso dormir, el demasiado hacer y pensar, la preocupación trascendental de don Casimiro por los problemas grandes o pequeños de este mundo. Ella lo aseaba, lo vestía, le servía la comida en la boca como a un niño. Ella interpretaba a su manera los gruñidos incoherentes y sostenía con él extraños diálogos:

—Yo creo, Casimiro, que debemos realizar a cualquier precio esa pieza de género blanco que nos queda en "La Escuela de Plata". El turco Samuel, que pasa por Ortiz cada cuatro semanas, vende género más barato y por cuotas...

—¡Uhm!... —regonzaba ausente don Casimiro.

—Me contenta que estés de acuerdo, hijo —continuaba ella imperturbable—. También quería consultarte sobre Martica. Sigue llorosa y deja la comida. Yo creo que esa muchacha necesita un reconstituyente y habrá que pedirlo a San Juan...

No así Carmen Rosa. Carmen Rosa comprendía cabalmente que don Casimiro Villena, su padre, aunque comiera con ellas en la mesa y paseara por los anchos corredores al despuntar la mañana, estaba muerto desde hacía mucho tiempo.

9

No el padre, no la madre, sino la señorita Berenice, maestra de escuela, fué el personaje de mayor relieve en el transcurso de la infancia de Carmen Rosa. El padre, don Casimiro Villena en pleno goce de sus facultades, fué siempre una energía inaccesible. Entre la hacienda, las vacas lecheras, los viajes a La Villa, "La Escuela de Plata", los pequeños quehaceres que él se inventaba, se le iban como agua entre las manos las horas del día. Tiempo para hablar con las niñas, para acariciar a las niñas, nunca le sobró. Carmen Rosa recordaba, como suceso excepcional e inusitado, la ocasión en que don Casimiro la llevó de la mano hasta la plaza. Era domingo y pasó por Ortiz un italiano con una osa domesticada. La osa se llamaba Maruka y movía los pies torpemente al son de una pandereta que golpeaba su dueño. Era un italiano triste, de largos bigotes lacios, una osa triste, simulando una música y un baile a la vera de un pueblo triste. Pero Carmen Rosa aplaudió hasta enrojecerse las manos y gritó una y otra vez con el italiano:

—¡Baila, Maruka!

Don Casimiro le compró esa tarde caramelos en la bodega de Epifanio, unos largos caramelos de menta rayados en blanco y rojo, y hasta la montó a cabrito en sus hombros, al regreso, cuando ella se mostró cansada. Carmen Rosa se entusiasmó tanto que, una vez en la casa, se atrevió a pedir:

—Papaíto, ¡cuéntame un cuento!

Pero don Casimiro, sorprendido del tono y de la

demanda, se limitó a responder con su gravedad de todos los días:

—Yo no sé cuentos, hija.

En cuanto a la madre, doña Carmelita, siempre había sido una sombra. Una sombra de don Casimiro primero, una sombra de la sombra de don Casimiro luego, una sombra de la propia Carmen Rosa más tarde. Era dulce y buena doña Carmelita. Gustaba de socorrer a los pobres y de consolar a los afligidos. Rezaba sus oraciones con ejemplar devoción y se multiplicaba ante el lecho de los enfermos. Pero por la infancia de Carmen Rosa pasó como una sombra amable que la vestía diariamente de limpio, le anudaba hermosos lazos azules en el pelo y la reprendía muy de tiempo en tiempo, cuando era imposible dejar de hacerlo:

—Carmen Rosa, ¡no te subas a las ramas del cotoperí que tú no eres un muchacho varón!

La señorita Berenice era muy diferente. Ella nunca se había casado, ni había tenido hijos soltera, "ni para Dios, ni para el diablo", como hubiera dicho el padre Tinedo. Su vida era un pequeño territorio que limitaba por todas partes con la escuela y con las matas de guayaba. Unas guayabas grandes como peras, de carne blanca y agridulce, que la señorita Berenice defendía heroicamente del sol y del viento, de la lluvia y de los pájaros, pero no de sus discípulas.

Era una mujer pálida, de una pulcritud impresionante, siempre olorosa a jabón y a agua del río, siempre recién bañada y vestida de blanco. Cuando el pelo rubio comenzó a encanecer y, más aún, cuando encaneció totalmente, Berenice fué adquiriendo visos de lirio, de nube, de velero.

No era Carmen Rosa la consentida, como pensaban

las otras, sino el orgullo de la señorita Berenice. Había pasado muchos años dando clases en aquella escuelita —algún día la jubilaría el Ministerio de Instrucción, ya se lo habían prometido— y jamás se sentó en los bancos de su corredor una muchacha más atenta, más estudiosa, más curiosa que aquélla. Llegaba la primera, con Martica a rastras, y se marchaba la última, después de comerse las mejores guayabas y de hacer mil preguntas fuera de clase que las más veces ponían en grave aprieto a la maestra:

—Señorita Berenice, ¿a qué distancia de nosotros queda la estrella más lejana?

—Señorita Berenice, ¿porqué no se derrama el agua de los mares cuando la tierra da vueltas?

—Señorita Berenice, ¿porqué las gallinas necesitan un huevo para tener su hijos?

—Señorita Berenice, ¿de dónde salió la madre de los hijos de Caín?

Tal vez Berenice escondía la añoranza de haber tenido una hija exactamente igual a Carmen Rosa. Tal vez pensaba acongojadamente en ese deseo no cumplido, a la hora del ángelus, cuando la casa se quedaba sola y la luz amarillenta de la lámpara de carburo hacía más desolada su soltería. Pero eso no significaba que Carmen Rosa fuera la consentida.

Cuando se realizaron los exámenes de instrucción primaria, la señorita Berenice tuvo la oportunidad de demostrar a las demás alumnas, y de demostrárselo a sí misma, que su interés hacia Carmen Rosa no se debía a una predilección caprichosa, ni a una injusta discriminación para con las otras niñas del pueblo. Había llegado un bachiller desde Calabozo, representando al Concejo de Instrucción, y constituyó el jurado examinador junto con ella misma y el señor Núñez, maestro de la escuela de varones.

Por mucho tiempo recordaron en Ortiz aquellos aciagos exámenes que no pasaron de la prueba escrita. Se presentaron diecisiete alumnos, entre hembras y varones, de edades muy diversas. Pericote, por ejemplo, que era el mayor, ya usaba pantalones largos y se afeitaba el bigote. Aspiraban todos a pasar al quinto grado, a servir de semilla para la creación de un quinto grado en Ortiz, que no existía desde mucho antes de la peste española. El señor Núñez y la señorita Berenice, infinitamente más nerviosos que sus discípulos, sabían de antemano que aquello no era posible. Con anquilostomos, con paludismo, con miseria, con olvido, no era posible que aquel puñado de rapaces infelices aprendiera lo suficiente para aprobar un examen que iba a cumplirse de acuerdo con las sinopsis elaboradas en Caracas para niños sanos y bien nutridos. La señorita Berenice estaba más lirio que nunca y el señor Núñez se secaba el sudor con un pañuelo a cuadros mientras el bachiller de Calabozo dictaba las tesis correspondientes a la prueba escrita: "El Estado Trujillo. Población, ríos, distritos y municipios..." O la de gramática: "El adverbio. Definición y clasificación". O la de Instrucción Cívica: "Derechos constitucionales de los venezolanos".

Al día siguiente sucedió lo inevitable. El bachiller de Calabozo llegó apenadísimo a la escuela del señor Núñez, donde había de celebrarse la prueba oral. Como quien lanza al agua un objeto inútil, dejó caer sobre el pupitre del maestro un espeso fajo de cuartillas.

—Ni haciendo un esfuerzo caritativo pueden aprobarse —dijo—. Casi todos dejaron páginas enteras en blanco y los que intentaron desarrollar algún tema lo hicieron cometiendo infinidad de errores. Y luego la caligrafía, tan rudimentaria, como si fueran niños de seis años. Y la ortografía, no se diga. Ustedes deben comprender...

Núñez y Berenice comprendían demasiado. Inclusive deseaban hablar de otro asunto, del verano que había sido muy riguroso ese año, de la salud del obispo que se venía haciendo precaria. Pero el bachiller de Calabozo insistió, esta vez sonreído:

—Por supuesto que hay una excepción. Las tesis de esta niña son excelentes.

Y extrajo de una carpeta de cuero las páginas que había escrito Carmen Rosa. Un carmín candoroso se extendió por el rostro de la señorita Berenice. El propio señor Núñez, conmovido, estrechó efusivamente la mano de la maestra.

Al bachiller de Calabozo le correspondió el trago amargo de anunciar la hecatombe al tropel anhelante que esperaba a la puerta de la escuela.

—Pueden regresar a sus casas. No hay prueba oral.

Y la señorita Berenice, tomando de un brazo a Carmen Rosa:

—Tú te quedas.

Presentó la prueba oral, única a responder ante tres examinadores, sin darse cuenta exacta de lo que estaba sucediendo. Y luego, cuando comprendió que había llegado sola y sobresaliente a un quinto grado que nunca existiría, se echó a llorar.

CAPÍTULO IV
LA IGLESIA Y EL RÍO

10

El padre Pernía, cura de Ortiz, mulato yaracuyano, era muy diferente al padre Franceschini. Tampoco tenía nada del padre Tinedo. De que ardía en su espíritu una fe inquebrantable en su religión, de eso no había duda. Y de que bajo la sotana llevaba pantalones de hombre, tampoco la había. Solamente esa fe y esos pantalones lograron sostenerlo tantos años en medio de aquellos escombros, sin lamentarse de su destino, sin pedir traslado, como si su dura voluntad emprendedora no tuviera como finalidad sino la de presenciar impotente la desintegración de aquellos caseríos llaneros. Él, que había nacido para fundar pueblos y no para verlos morir, para suministrar agua de bautismo y no óleo de extremaunción.

Ante el reclamo interior ineludible de fundar algo, fundó tres sociedades: La Sociedad del Corazón de Jesús —rosarios y via crucis, lectura de Kempis, obras de caridad— para las señoras y las solteronas viejas; las Hijas de María —flores para el altar, Tantum Ergo en coro, "No me mueve mi Dios para quererte"— para las solteras jóvenes; y las Teresitas del Niño Jesús —estampitas de la Virgen, catecismo de Ripalda, "venid y vamos todas con flores a María— para las niñas. Con los hombres nunca logró fundar nada. Profesaban una extraña teoría, impermeable a los más irrefutables argumentos, según la cual la religión era función específica y privativa de las mujeres.

No eran sociedades muy nutridas, naturalmente. Si es que ya casi no quedaba gente en el pueblo, y entre la que quedaba, ¿de dónde sacaban las pobres para comprar los zapatitos de las Teresitas y los velos blancos de las Hijas de María? En cada una de las agrupaciones las integrantes no pasaban de quince, que ya era bastante y que a tantas llegaban porque el padre Pernía era el padre Pernía.

Carmen Rosa fué Teresita del Niño Jesús y ya anhelaba que la ascendieran a Hija de María porque comenzaban a apuntarle los senos. En ese entonces le agradaba infinitamente el recinto de la iglesia, los santos que lo poblaban, las oraciones que se rezaban en su penumbra, el canturreo de las letanías, la música del viejo órgano.

—¿Cómo no te va a gustar si es la única diversión que existe en Ortiz? —gruñía su descreído amigo el señor Cartaya.

Ciertamente, la iglesia y el río eran ya los dos únicos sitios de solaz, de aturdimiento, que le restaban al pueblo. Ya no se rompían piñatas los días de cumpleaños, ni se bailaba con fonógrafo los domingos, ni retumbaban los cobres de la retreta. En mitad de la plaza, montado en su columna blanca desde 1890, el pequeño busto del Libertador, demasiado pequeño para tan alta columna, no supo más de cohetes ni de charangas, de burriquitas ni de palos ensebados.

Un oscuro silencio se extendía, desde el anochecer, sobre los samanes y los robles de la plaza. Y en el día, cuando se marchaban las lluvias, un sol despiadado amenazaba con hacer morir de sed al desvalido Bolívar del busto.

La iglesia era un edificio digno del viejo Ortiz, el señero vestigio que quedaba en pie del viejo Ortiz. Es cierto que nunca concluyeron la construcción, pero la parte levantada era sólida y hermosa, no enclenque y remilgada capillita a merced del viento y del aguacero, sino robusto templo hecho, medio hecho porque no estaba hecho del todo, para hacerle frente a las fuerzas destructoras de la naturaleza.

Tanto como el patio de su casa, el ámbito de la iglesia era un rincón de Ortiz que Carmen Rosa tenía en gran estima. Una sola nave, largo rectángulo de alto techo sostenido por poderosas vigas de madera. A la entrada, a la izquierda, trepaba la empinada y angosta escalera que conducía al coro, tan empinada que casi llegaba a vertical, y que Pericote, el muy sinvergüenza, se arrodillaba junto a la puerta simulando que miraba hacia el altar mayor, cuando en realidad estaba pecando mortalmente por atisbar las pantorrillas de las mujeres que subían por la escalera.

Santa Rosa esplendía en el altar mayor desde una ordinaria tricromía, reproducción de un lienzo adocenado y dulzón, de una cursilería enternecedora. La monjita limeña meditaba arrodillada en un reclinatorio de piedra, absorta en su libro de oraciones. Pero no era ella la única figura del cuadro. También estaba el Niño Jesús sentado en una nube de algodón, al nivel de la cabeza de la santa. El Niño extendía la mano derecha para ceñir la frente de la joven con una corona de rosas. La otra mano del pequeño Jesús empuñaba una vara de nardos. Por tierra, campo o jardín y no piso de iglesia o convento, esparció el pintor cuatro rosas.

Para todos, con excepción del señor Cartaya, aquel cuadro era una obra maestra, de insuperable belleza, primorosa y tierna como el alma de Santa Rosa. El señor Cartaya, por su parte, negaba todo mérito artístico al retrato de la santa y lo comparaba despectivamente a los almanaques de colores que repartía el jabón de Reuter. Atribuía mayores virtudes el señor Cartaya a un cuadro de grandes dimensiones, muy antiguo, tal vez colonial, situado a la derecha del confesionario: un Purgatorio, Cristo en los cielos, entre dos santos anónimos, mientras las ánimas emergían de las llamas, auxiliadas por un arcángel descomunal de manto rojo. Los demás habitantes de Ortiz hallaban sólo desproporción y fealdad en aquel lienzo pintado por mano inhábil, posiblemente esclava, y se limitaban a encogerse de hombros murmurando:

—¡Chocheras del señor Cartaya!

A Carmen Rosa le causaba inquietud la extravagente opinión del señor Cartaya. Lo consideraba más inteligente que los otros y lamentaba no estar en esta oportunidad de acuerdo con el criterio del viejo masón. ¿Hablaría en serio el señor Cartaya? ¿Juzgaría realmente desagradable aquel calco amoroso del rostro luminoso y dulce de Santa Rosa? ¿Encontraría sinceramente belleza en los trazos toscos, en los colores turbios y mal distribuídos del Purgatorio? De tanto mirar y remirar el dichoso cuadro, rastreando el soplo artístico que el señor Cartaya le atribuía, llegó a tener un sueño que le creó el grave compromiso de referírselo al padre Pernía. Porque aquel sueño presentaba todas las características de un gravísimo pecado.

—¿Soñar es pecado, padre? —comenzó sin rodeos desde la rejilla del confesionario.

—Por lo general no —respondió el cura displicente.

—Es que yo soñé una cosa muy fea, padre —prosiguió ella sin tomar aliento para no quebrantar el impulso inicial—. Soñé que el arcángel ese que está en el cuadro del Puragtorio, el catire que tiene la espada en la mano, se salía del cuadro cuando yo estaba dormida y me tapaba con sus alas y me besaba en la boca...

—Pero si fué un sueño, tú no tienes la culpa de haberlo soñado, hija.

—Es que —ahora sí titubeó— me gustaba, padre.

—¿Te gustaba cuando lo soñaste o te sigue gustando después? —preguntó el padre Pernía comenzando a preocuparse.

—Me gustó cuando lo soñé, padre. Ahora no me gusta. Me parece una cosa horrible, un sacrilegio...

Luego se sintió un tanto decepcionada, aunque libre de toda culpa. El padre Pernía poca o ninguna importancia le concedió a su sueño, ni pecado lo consideró. La penitencia fué la de siempre: una modesta y fugaz Avemaría.

Sin embargo, el domingo siguiente, al salir de la misa, el padre Pernía le notificó que había dejado de ser Teresita del Niño Jesús:

—Habla con doña Carmelita para que te corte el traje de Hija de María...

11

Otro personaje cardinal de su infancia, como el señor Cartaya y la señorita Berenice, como el patio de su casa y el recinto de la iglesia, fué el río. El humilde río Paya apenas lograba mención pasajera en la geografía. Pero cuando caían las lluvias de agosto y engrosaba su corriente, Carmen Rosa lo veía y lo sentía

como uno de los elementos fundamentales del universo.
—Señorita Berenice, ¿será tan grande el mar?
El río, en los viejos tiempos, bordeaba la ciudad. Ahora, reducida Ortiz a un ángulo de sí misma, el Paya se le acercaba sólo a cincuenta metros de la Plaza de Las Mercedes. El camino descendía desde la capilla, abriéndose paso entre peñascos y cujíes, y llegaba al Paso de Plaza Vieja, una quieta curva en remanso del río. A Plaza Vieja iban a bañarse las muchachas y a buscar agua Olegario en el burro. Pero la secreta ambición de Carmen Rosa era zambullirse un día, no en las angostas aguas tranquilas de Plaza Vieja, sino en el Paso Matutero, o en Guayabito, o en El Recodo, donde el Paya se hacía más profundo y donde se podía nadar de orilla a orilla hasta en verano.

El descenso al río era un rito cotidiano. Al regresar de la escuela, antes del almuerzo, Carmen Rosa y Marta, provistas de toalla, jabón y totuma, iban en busca de la vecina Juanita Lara, que ya las estaba esperando. Juanita Lara, solterona y bizca, bajaba, capitana de su pequeño pelotón: Carmen Rosa, Marta y las que se agregaban, Elenita que era blanca como un jarro de leche y Lucinda que movía las paticas en el agua como una rana. Juanita Lara las amparaba de posibles peligros, las enseñaba a defenderse de la corriente y a lanzarse de cabeza en lo hondo. Una vez que Pericote se puso a espiarlas desde los cujíes mientras se bañaban, recibió tal pedrada de Juanita Lara que no volvió a asomarse por Plaza Vieja en muchas semanas.

Salían del matorral en camisones burdos de liencillo, cortados por doña Carmelita que por cierto era muy torpe para la costura. Antes de lanzarse al agua lucían grotescas, enfundadas en aquellos bolsones llenos de arrugas y mal secados al sol. Pero luego, cuando la mano del agua les moldeaba los cuerpos y les domaba los cabellos en rebelión, tornábanse hermosas las dos hermanas. Carmen Rosa tenía ya catorce años, era ancha de hombros, cimbreña de cintura y firme de muslos. Martica tenía trece, airosa como una espiga y le estaban naciendo los senos pequeñitos y duros como ciruelas.

Metidas en el río, alejadas de Juanita Lara, que se había quedado en la orilla quejándose de un calambre, le hizo Martica su confidencia:

—Tú sabes una cosa, Carmen Rosa, yo tengo novio...

Creyó al principio que Martica bromeaba. Le respondió burlonamente:

—Sí, ya sé, el negro Güeregüere.

La hermana sonrió. En otras ocasiones se había enojado con Carmen Rosa por aquella chanza desagradable: "Martica, no me lo niegues, tú tienes amores con Güeregüere"; "Mi hermana, yo quiero ser madrina de tu matrimonio con Güeregüere". Pero esta vez, inopinadamente, le causó gracia la cuchufleta de Carmen Rosa.

—En serio, Carmen Rosa, tengo novio.

Lo dijo con tan sencilla gravedad que Carmen Rosa permaneció muda, anhelante, esperando el resto de la revelación.

—Panchito y yo somos novios desde hace más de quince días, desde hace exactamente diecisiete días. Se me declaró en plena calle, en la plaza, cuando tú te estabas confesando y yo te esperaba fuera de la iglesia.

—¿Y qué te dijo?

—Guá, chica, ¿qué me iba a decir? Que estaba

enamorado de mí, que no hacía sino pensar en mí a todas horas y que si yo no sentía lo mismo.

—¿Y tú qué le contestaste?

—Pues le contesté la verdad, que yo también lo quería.

—¿Y cómo lo sabes?

—Lo sé desde hace tiempo. Porque me tiemblan las manos cuando él se acerca, porque me siento rara cuando él está lejos...

—Entonces, ¿ahora son novios?

—Claro.

—¿Y qué cosa es ser novios?

—Chica, ¡tú si que preguntas! Ser novios es mirarnos mucho y decirnos que nos queremos, cuando podemos.

—¿Y no te ha besado?

—Todavía no. Pero en cuanto me pida un beso, palabra de honor que se lo doy...

Como se acercaba Juanita Lara, aliviada del calambre, Marta cortó la charla y se lanzó de espaldas a la corriente del río. Las aguas del Paya arrastraron un trecho, dulcemente, su silueta en botón, su perfil de medalla, sus nacientes senos pequeñitos y duros como ciruelas.

12

Carmen Rosa ayudaba a doña Carmelita y a Olegario en el trabajo de la tienda. No vendía queso para no ensuciarse las manos al cortarlo, ni servía el trago de ron o yerbabuena a los bebedores. Pero atendía a las mujeres que iban a comprar telas elementales, liencillo, zaraza, género blanco, y cintas para adornarse, o despachaba papeletas de quinina, frascos de jarabe, paquetes de algodón. A veces necesitaba treparse al mostrador para descolgar una olla de peltre o un rollo de mecate. También llevaba las cuentas porque Olegario se equivocaba siempre en las sumas y la vista cansada de doña Carmelita solía confundir el cinco con el tres.

El negro Güeregüere nunca compraba nada. Era un negro costeño de Guanta o Higurote, marinero en su remota juventud a bordo de una goleta contrabandista que hacía viajes innumerables a Curazao, Trinidad y Martinica. Ahora estaba viejo, casi tan viejo como el señor Cartaya y nadie recordaba cuando llegó a Ortiz por qué se había quedado en el pueblo. Güeregüere nunca trabajó por dinero sino a cambio de la comida, bebida o ropa. Iba a buscar agua al río si le proporcionaban un almuerzo, ayudaba dos semanas en un conuco a trueque de un par de alpargatas y realizaba tareas aún más arduas por una botella de ron. Se emborrachaba al tercer trago y hablaba entonces, o simulaba hablar, en idiomas extranjeros que no conocía pero que imitaba con sagaz intuición.

—Carmen Rosa, juat tiquin plis brindin palit de ron for Güeregüere —entraba mascullando en su arbitraria fonética inglesa.

O bien:

—Si vú plé, que es que cé, le mesié Güeregüere con si con sá, mercí pur le torcó.

Llegaba hasta meterse con las lenguas muertas en virtud de haber sido amigo, compañero de parrandas y feligrés del padre Tinedo:

—Dominus vobiscum, turris ebúrnea, salva espiritu tuo brindandum tragus Güeregüerum.

Carmen Rosa estallaba de risa y le servía el trago, a escondidas de doña Carmelita y de Olegario, por supuesto, que bien se cuidaba Güeregüere de no entrar a "La Espuela de Plata" sino cuando ellos estaban ausentes. Y permanecía un rato frente al mostrador divirtiendo a Carmen Rosa con aquellas extrañas jerigonzas.

—Tu mamá comin pliqui. Güeregüere spic basirruc, raspinflai gudbai.

Otro visitante, cuando se hallaba sola en la tienda, era Celestino. Celestino tenía apenas un año más que ella pero le llevaba de altura toda la cabeza. Se enamoró de Carmen Rosa desde que tuvo uso de razón. La esperaba a la salida de la escuela, plantado en la esquina, estirado y soportando sol como un cardón. La seguía luego hasta la casa, a más de veinte pasos de distancia, y la miraba con unos ojos anhelantes y profundos, con una ternura que era una larga súplica. A medida que crecieron ambos, le fué creciendo el amor a Celestino y extendiéndosele por todo el cuerpo, como la sangre. Pero nunca se atrevió a decirle nada porque estaba seguro de lo que ella iba a responderle, que no lo quería, y entonces sería preciso renunciar a todo, inclusive a la esperanza. A aquella dulce, dolorosa, infundada esperanza.

—Buenas tardes, Carmen Rosa.

—Buenas tardes, Celestino.

Y callaba mirándola a hurtadillas para no parecerle impertinente, sobrecogido por el angustioso temor de que llegaran a serle incómodas sus visitas. El paludismo le había agudizado más los pómulos, entristecido más la mirada.

—¿Qué hay de nuevo? —decía ella por romper un largo silencio.

—Nada. Se le murió la burra negra a la señora Socorro, de una gusanera...

Y se mordía los labios al comprender que estaba diciendo una torpeza, una vulgaridad inadecuada.

—Anoche se cayó la pared más alta de la casa de los Vargas en la calle real —decía, cambiando de tema—. ¿Te acuerdas?

Se acordaba Carmen Rosa. Celestino la llevó una vez a las ruinas de esa casa que conservaba intactas la puerta principal y una ventana por la cual asomaban a la calle las ramas desesperadas de un árbol. Al trasponer la puerta, el interior derrumbado explicaba la fuga del árbol, su atormentado afán de escapar de aquella desolación. Quedaba una pared muy alta, al fondo, cubierta de grietas y costras amarillas, arañada por enredaderas salvajes. De la pared emergía una viga rota, como un brazo partido, como un oscuro muñón implorante. Celestino se perdió entre los escombros y volvió al rato con un pichón de paloma poncha que había cazado para ella.

Ahora también le traía regalos: doradas naranjas de San Sebastián, un peine que le compró al turco Samuel, gonzalitos en castaño y amarillo, paraulatas en sepia y gris.

—Gracias, Celestino —decía Carmen Rosa, muy seria.

Pero no sonreía cuando él le hablaba, ni cuando la paraulata rompía a cantar sobre el mostrador, y Celestino comprendía una vez más que era mejor no decirle nada porque, al responderle ella que no lo quería, tendría que renunciar a todo, inclusive a la esperanza.

CAPÍTULO V

PARAPARA DE ORTIZ

13

Un día de Santa Rosa apareció Sebastián. No porque las casas se estuvieran cayendo, ni porque la gente hubiera huído o muerto, dejaba de celebrarse en Ortiz el día de Santa Rosa. Cura había, iglesia había, campanas había y también tocadores de cuatro y maracas. Epifanio, el de la bodega, pulsaba aceptablemente el arpa y Pericote cantaba galerones. Se jugaba a los gallos, no en gallera pública sino en el corral de la casa del jefe civil, cuando no en la trastienda enladrillada de la bodega de Epifanio. Y por la tarde salía Santa Rosa en procesión, con treinta mujeres, quince niños y diez hombres, casi todos enfermos, pero salía.

Panchito y Celestino, de liquiliquis almidonados, entraron a la casa de las Villena cuando reverberaba el sol del mediodía. Venían de los gallos, hablando de Sebastián.

—Es un muchacho de Parapara —explicó Panchito a las mujeres— que trajo un zambo muy bonito para pelearlo aquí.

Le soltaron el mejor gallo del lugar, el marañón del Coronel Cubillos, con cinco peleas ganadas y de nombre Cunaguaro. Al jefe civil se lo había enviado, como regalo de cumpleaños, desde San Juan de los Morros o desde el propio Maracay, un compadre y paisano suyo. Y había ganado ya, todas por muerte, esas cinco peleas a los gallos más bravos de Ortiz y San Sebastián.

El muchacho de Parapara extrajo su gallo calmosamente de la busaca blanca y dijo sopesándolo:

—¿No habrá en Ortiz un gallo fino para este pollo ordinario?

—¿Con cuánto quiere jugarlo? —retrucó el coronel Cubillos socarronamente.

—Traje diez pesos de Parapara —dijo Sebastián.

—Diez pesos son cuatro lochas.

—Yo también traje cinco pesos —intervino un primo de Sebastián que había venido acompañándolo.

—Bueno —accedió el jefe civil—. Van los quince pesos.

Y dirigiéndose a uno de los dos palúdicos agentes de policía del pueblo:

—Juan de Dios, vaya a buscar a Cunaguaro.

Mientras llegaba Cunaguaro, Sebastián soltó el zambo en el patio. Era un hermoso gallo de pelea. Alta la cabeza desafiante, de duro acero las afiladas espuelas, haz de plumas relucientes la cola altanera. El sol llanero arrancaba destellos de esmalte a los ardientes colores del plumaje.

Trajeron a Cunaguaro, el marañón de asesinos ojos vidriosos. Era un gallo de cría, de genuina raza española, altas las patas y largas las plumas de la cola. Juan de Dios lo cargaba con grandes miramientos, cual si le profesase al gallo tanto respeto y tanto miedo como al jefe civil.

Más que soltarlo, se le salió de las manos a Juan de Dios para hacerle frente al zambo de Sebastián que lo esperaba a pie firme. Se miraron un rato con ojos de candela, engrifadas las gorgueras del cuello, acechando la brecha para la herida. Y fué el zambo el primero en arrojarse al ataque, saltando con embestida de tigre al pecho del marañón, esgrimiendo como lanzas las espelas en el ventarrón del asalto.

—¡Vamos, mi zambo! —gritó Sebastián.

Cual si lo impulsara el grito familiar, el gallo de Parapara cargó con mayor saña. Esta vez el pico fiero se prendió del buche de Cunaguaro y la espuela del zambo abrió una honda puñalada en el cuello de su adversario. Una sangre oscura y borbollante se extendió sobre el grana vivo del pescuezo.

—¡Vamos mi zambo, que está mal herido! —volvió a gritar Sebastián.

Era un valiente el marañón del coronel Cubillos. Por el boquete de la herida fluía la sangre como el agua de un caño, y peleaba, sin embargo, con renovada furia, batiendo una y otra vez su pecho contra el pecho del zambo, saltando una y otra vez con las espuelas en ristre. El jefe civil, que lo veía perder sangre y presentía su debilitamiento, miraba el combate silencioso y ceñudo.

Súbitamente el marañón inició una extraña maniobra. Dió la espalda al contrario y comenzó a correr en círculos, simulando que huía. Sebastián comprendió la treta y temió por su gallo que, ya confiado en la victoria, perseguía impetuosamente a Cunaguaro para rematarlo.

—¡Vamos, mi zambo, que está huído! —gritó sin mucha convicción.

Pero sabía muy bien que no estaba huído un gallo tan bizarro como aquel. Aliviado del ahogo detuvo en seco su fuga, dió frente al zambo que lo acosaba desprevenido y le clavó un tajante espolazo en el ojo derecho, vaciándole la cuenca. El gallo de Sebastián se tambaleó con el equilibrio perdido y fué a estrellarse contra la pared del patio.

Un griterío estremeció la gallera improvisada. Los partidarios de Cunaguaro, que ya habían considerado perdida su causa, reaccionaron clamorosamente ante el giro inesperado que tomaba la pelea. Sebastián, pálido y cruzado de brazos, apretaba los dientes con mantenida rigidez.

—Lo mató, coronel —chilló Juan de Dios servilmente.

El jefe civil tardó unos instantes en recuperar el grito, en estallar en actitud agresiva y despiadada:

—¡Vamos, Cunaguaro, que ese pataruco no es pelea pa ti! ¡Acaba con esa mierda, Cunaguaro!

Y volviéndose hacia Sebastián y su primo:

—¡De a catorce doy al marañón! ¡De a catorce doy a mi gallo!

Y, al recordar que Sebastián no tenía sino los diez pesos que ya había apostado, insistió implacable:

—¡Fuertes a bolívar doy! ¡Y si tiene miedo no los apueste!

Sebastián se limitó a mirarlo fijamente. En los ojos de ambos espejeaba, no ya pasión de jugadores sino odio, el mismo odio que fulguraba en los ojos de los gallos y los obligaba a herirse y a matarse sobre la tierra del patio.

Pero la pelea no había concluído. El zambo de Sebastián, tuerto y sangrante, volvía en busca de Cunaguaro. Y éste lo esperaba en el centro del corro de hombres, ya consciente de su ventaja, dispuesto a asestar el segundo golpe mortal.

—¡Vamos, mi zambo! —gritó fieramente Sebastián, pero ya no mirando a los gallos sino al coronel Cubillos.

—¡De a catorce doy a mi gallo! —insistía el jefe civil.

El zambo, apoyándose en el muro, juntando en un solo impulso todas sus restantes energías desesperadas, se había lanzado cual relámpago de sangre y plumas al pecho del marañón. La cuchillada de la espuela, centuplicada por la velocidad del envión y por el peso del gallo zambo, se hundió en el oído de Cunaguaro, dando con él en tierra, la cola abierta como un abanico roto, el cuello torcido y tembloroso. Después se tendió agarrotado, rígido, muerto.

El clamoreo cesó bruscamente. Sobre el patio, antes sacudido por las voces desenfrenadas, se explayó un silencio macizo. El coronel Cubillos, sudado y descompuesto, dió dos pasos hasta el centro del grupo, recogió el cuerpo muerto de Cunaguaro y, sin pronunciar una palabra, caminó hacia el interior de la casa.

—Recuerde que nos debe quince pesos —dijo Sebastián en voz alta.

El coronel volvió el rostro airado y sombrío, sin responder.

—Que nos debe quince pesos, coronel —repitió Sebastián, sin subir ni bajar el tono.

El jefe civil siguió andando, mudo y hosco. Algunos minutos más tarde, cuando Sebastián restañaba cuidadosamente las heridas del zambo, se le aproximó Juan de Dios con los quince pesos.

—Aquí le manda el coronel Cubillos —dijo.

Pero en la cara inamistosa de Juan de Dios y en la inflexión amenazante de su voz, adivinó exactamente la frase que Cubillos había dicho al entregarle el dinero de la apuesta:

—¡Llévele sus reales a ese carajo!

14

En la tarde salió la procesión de Santa Rosa. Su recorrido se había reducido con el tiempo al contorno de la plaza. El cortejo desembocaba en la calle por el portal de la iglesia, torcía hacia la derecha, pasaba frente a la casa parroquial, realizaba en la esquina la primera lenta conversión hacia la izquierda y repetía la maniobra en los tres ángulos restantes de la plaza, hasta volver a entrar a la iglesia despertando nubes de incienso, campanillazos de los monaguillos y coros de cándidas canciones.

Las Teresitas del Niño Jesús abrían la marcha, orondas y sonreídas, a tono con su diminuta importancia. Luego iba la imagen de Santa Rosa sobre la blanca tarima enmantelada que cargaban cuatro hombres. Después el padre Pernía y los tres monaguillos, al frente de las Hijas de María. Y a la retaguardia las señoras de la Sociedad del Corazón de Jesús, de andaluzas negras; seis o siete hombres venidos del campo y un tropel de muchachos descalzos y barrigones. De tiempo en tiempo, en la calzada de la iglesia, estallaba un cohete. Un pobre cohete rudimentario, con varilla de caña amarga y mecha de cabuya, que a eso habían quedado menoscabados los famosos fuegos artificiales del antiguo Ortiz.

Carmen Rosa y Martica reconocieron a Sebastián a la primera mirada. No podía ser otro sino aquel que estaba en una de las esquinas del trayecto, recostado a la baranda de la plaza, en compañía de Celestino, Panchito y otro personaje, seguramente el primo que vino con él desde Parapara. Al pasar frente a ellos la imagen de Santa Rosa, ése, que no podía ser sino Sebastián, se descubrió para saludar a la patrona de Ortiz. Era un mocetón no muy alto, pero de sólidos hombros fornidos. Al quitarse el ancho sombrero de pelo de guama, un mechón rebelde y negro le ensombreció la frente. Vestía de blanco, como sus tres acompañantes, pero una mancha roja resaltaba en la manga derecha del saco. "Sangre del gallo zambo", pensó Carmen Rosa.

Las Hijas de María, con las hermanas Villena a la vanguardia, cantaban cuando pasaron frente a ellos. El padre Pernía, sordo para la música y mudo para el canto, se había visto obligado a requerir la ayuda de la señorita Berenice. La maestra de escuela organizó en cinco ensayos aquel humilde coro pueblerino. En cuanto al señor Cartaya, más ateo mientras más viejo, se negó de plano a colaborar en tales "supercherías".

> *¡Gloria a Cristo Jesús!*
> *¡Cielos y tierra*
> *bendecid al Señor!*

La procesión cruzó su último trecho bajo la sombra que los samanes de la plaza volcaban sobre la calle. Los cuatro jóvenes se habían situado ahora junto al portal de la iglesia. Esta vez Carmen Rosa pasó muy cerca de Sebastián, casi rozando su rebozo blanco con la mancha roja de la manga. Cantaban de nuevo:

> *¡Honor y gloria a Ti,*
> *Dios de la Gloria!*
> *¡Amor por siempre a Ti,*
> *Dios del amor!*

Regresaba Santa Rosa a su altar. Estallaron entonces, con breves intervalos, los tres postreros cohetes rudimentarios; rompieron a tocar las campanas; la señorita Berenice hizo vibrar la voz gangosa del viejo órgano. El padre Pernía, de sobrepelliz remendada, impartió desde el altar mayor la bendición a su grey, entre los campanillazos frenéticos del primer monaguillo, los amenes apresurados del segundo y la polvareda de incienso del tercero.

Finalmente salieron las hermanas de la iglesia. La tarde comenzaba a oscurecer y los faroles de carburo habían sido encendidos prematuramente en honor a Santa Rosa. De la bodega de Epifanio llegaba el rasgueo del cuatro, el agua clara del arpa y la voz sabanera de Pericote:

Crespo salió a perseguirlo
con muchísima ambición.
Pensando que era melao
se le volvió papelón.
Se le volvió papelón,
y en el pueblo de Acarigua
ahí fué el primer encontrón,
ahí fué donde el Mocho dijo:
—Come arepa y chicharrón.
Come arepa y chicharrón
y salieron pa Cojedes
gobierno y revolución...

Al pie del farol de la esquina estaba el grupo esperándolas. Panchito se adelantó a hacer las presentaciones.

—Quiero que conozcan a estos dos amigos de Parapara —dijo.

Las muchachas y los forasteros pronunciaron sus nombres en forma poco inteligible al estrecharse las manos. Pero Carmen Rosa y Sebastián chocaron inmediatamente.

—¿Usted es de Parapara de Ortiz? —preguntó ella.

—No hay Parapara de Ortiz —respondió él sacemente—. Hay Parapara de Parapara.

Era una reminiscencia de la antigua rivalidad entre ambos pueblos, un decir jactancioso de cuando Ortiz tendía su manto protector sobre las poblaciones vecinas.

Panchito, con ánimo de apagar la escaramuza, habló nuevamente de la riña de gallos, del hazañoso triunfo del zambo, del berrinche del coronel Cubillos.

—Odio las peleas de gallo —dijo Carmen Rosa y volvió a chocar con Sebastián.

—¿Por qué? —preguntó éste.

—Porque son una salvajada, un crimen contra esos pobres animales.

—Mayor crimen es torcerle el pescuezo a las infelices gallinas para comérselas —gruñó Sebastián.

Y no volvieron a hablar entre sí, aunque cruzaron juntos la plaza y el grupo entero llegó hasta la puerta de la casa de las Villena. Apenas, al despedirse, dejó caer ella las palabras de rigor:

—He tenido mucho gusto en conocerlo.

Y Sebastián respondió:

—Hasta mañana, Carmen Rosa.

Como si su nombre fuera para él un expresión familiar, como si fuese él un viejo amigo que la visitase todos los días.

15

A LA MAÑANA siguiente, ya de polainas para el regreso a Parapara, fué Sebastián a "La Espuela de Plata". No encontró sola a Carmen Rosa, como tal vez hubiera deseado, como se veía que hubiera deseado. Tras el mostrador, junto a ella, estaba doña Carmelita. Una mujer compraba quinina y relataba innumerables penalidades. Un chiquillo de hinchado abdomen y pies deformes gritaba con voz desagradable:

—¡Una botella de querosén y mi ñapa!

Fué presentado a doña Carmelita, escuchó pacientemente el lastimoso relato de la mujer que compraba quinina y compró él a su vez cigarrillos, en un esfuerzo por justificar su presencia, no obstante que llevaba en el bolsillo un paquete sin abrir.

Carmen Rosa reparó en su nerviosidad y le preguntó sonreída:

—¿Cuándo regresa a Parapara de Parapara?

—Ahora mismo estoy saliendo para Paparara de Ortiz —contestó Sebastián en el mismo tono—. Vine a decirle adiós.

Carmen Rosa recordaba más tarde que le había estrechado la mano más tiempo de lo conveniente y que ella se había visto obligada a retirarla suave pero firmemente para cortar aquel saludo que se prolongaba demasiado.

—¿No vino también su primo? —preguntó ella.

—Se quedó en la bodega de Epifanio comprando cosas —y Carmen Rosa observó que estaba mintiendo y que para mentir necesitaba violentar su naturaleza.

No hablaron más. En realidad, no tenían otra cosa de que hablar. Sebastián ofreció sus servicios a doña Carmelita "para cualquier cosa que se le ofreciera en Parapara". Estrechó de nuevo la mano a Carmen Rosa e hizo volver a su sitio el negro mechón rebelde de la frente antes de cubrirse con el pelo de guama.

—Volveré el domingo —dijo desde la puerta.

Antes se habían marchado la mujer de las lamentaciones y el muchacho del querosén. Madre e hija quedaron en silencio.

—Qué hombre tan buen mozo —dijo de repente doña Carmelita.

Carmen Rosa se estremeció sobresaltada. Era ésa precisamente, con idénticas palabras, la frase que estaba diciendo mentalmente en aquel instante.

CAPÍTULO VI

PECADO MORTAL

16

Regresó Sebastián a Ortiz el domingo anunciado, y el otro y todos los domingos que siguieron. La primera visita a la casa de las Villena la hizo llevado por Panchito y Celestino. Pero, al segundo domingo, Celestino atisbó una mirada de Carmen Rosa al forastero, una mirada entre asustada y curiosa, entre maliciosa y tierna, y ya no volvió con ellos a contemplar las corolas rosadas de las pascuas del patio, ni a conversar trivialidades junto al pretil de los helechos. Tampoco volvió a aparecer Celestino por la tienda los días de labor, cuando Carmen Rosa estaba sola tras el mostrador, abatida por el bochorno espeso del mediodía. Ni le trajo más pájaros de ofrenda, ni pasó más al atardecer frente a su ventana, ni estuvo más de plantón en la plaza de Las Mercedes. Largo y triste como los faroles de las esquinas se le veía ahora tan sólo a la puerta de la bogeda de Epifanio, medio oyendo hablar a los otros, medio sonriendo cuando Pericote contaba una historia bellaca de fornicaciones y equívocos.

La presencia de Sebastián fué para Carmen Rosa el punto de partida de una extraña transformación en su manera de ver las cosas, de ver a los otros seres, de verse a sí misma. No cuando la ascendieron a Hija de María, ni cuando la madre la llamó aparte para explicarle "Carmen Rosa, desde hoy tú eres una mujer", ni cuando leyó un libro de la señorita Berenice que le hizo entrever el misterio de la vida humana, sino ahora, a los dieciocho años, en la proximidad de este hombre moreno y atlético, impulsivo y valiente, comprendió Carmen Rosa que ya había dejado de ser la muchacheja que golpeaba las aldabas de los portones y le tiraba piedras al indio Cuchicuchi.

Al principio, ni ella misma se dió cuenta. Llegaba Sebastián con Panchito, el domingo, después de la misa, cuando ella y Martica tenían aún las andaluzas puestas y los rosarios entre las manos. Y se sentaban los cuatro a hablar de los temas más diversos: de las frutas que les agradaba comer, de las pintas y de las mañas de los caballos, de cómo se moría la gente en los Llanos, de la lejana e inaccesible Caracas, del aún más inaccesible mar.

Sólo Sebastián había visto el mar. Se había bañado en sus aguas verdes y espumosas, una vez que estuvo en Turiamo.

—¿Es muy lindo, verdad? —preguntaba Carmen Rosa.

—Lindo precisamente no es. Es como la sabana, pero de agua. Da un poco de miedo cuando uno se queda solo con él. Y se nada más fácil que en el río.

Panchito refería entonces una historia de piratas y marineros que había leído en una novela de Salgari. Y Martica lo miraba arrobada, vistiéndolo de Sandokán con los ojos.

Pero después, tres o cuatro domingos más tarde, observó Carmen Rosa que Sebastián no captaba el sentido de sus palabras cuando ella hablaba, que estaba mirándola más que oyéndola, que andaba buscando con los ojos algo más ligado a ella misma que las palabras que pronunciaba.

—Qué bonitos los pañuelos que nos trajo el domingo pasado, Sebastián.

—Me alegro, me alegro —respondía él, ausente del contenido de la frase que ella había dicho, demasiado presente en la raíz de su voz.

Y observó también que, desde el lunes, ella comenzaba a contar los días al dictado de una nómina arbitraria: "Faltan cinco días para el domingo, faltan cuatro para el domingo, faltan tres para el domingo, faltan dos para el domingo, mañana es domingo, domingo."

Un domingo no llegó Sebastián a Ortiz. Carmen Rosa estuvo esperando hasta el mediodía, con la andaluza puesta y el rosario entre las manos, simulando que libraba de hojas secas a las matas del patio. Panchito y Marta no le concedieron importancia al hecho.

—Como que no viene Sebastián hoy —se limitó a decir Panchito—. Seguramente hay gallos buenos en Parapara.

Y Martica mirando a Carmen Rosa con sorna:

—O no lo dejó venir la novia.

Para Carmen Rosa aquella ausencia era signo de oscuros presentimientos. "Está enfermo", tuvo la certeza de ello y lo imaginó tumbado por la fiebre, solo y abandonado en una casa sin gente y sin jardín. La invadió una congoja maternal, un angustioso afán de estar a su lado y secarle el sudor de la frente con el pañuelo que él le había regalado.

"Hay gallos en Parapara", pensó luego. ¿De dónde sacaba ella que estaba enfermo? No había venido por salvaje, por contemplar una vez más la escena sanguinaria de dos gallos matándose en un patio de tierra, entre gritos aguardentosos y amagos de reyerta. Se sintió distante y distinta de Sebastián, ese gallero indigno de su amistad, ese repugnante jugador empedernido.

"No lo dejó venir la novia". Recordó la broma de Martica. ¿Y si no fuera una broma? ¿Si existiera realmente la novia o la querida? ¿Si era una mujer quien le había prohibido volver los domingos a Ortiz? Aquello la desasosegó más que el temor a que estuviese enfermo. La acometieron, como cuando niña, injustificados deseos de echarse a llorar. Y entonces comprendó que estaba irremediablemente enamorada.

Cerca del mediodía se oyeron los pasos de un caballo en las piedras de la calle. Carmen Rosa levantó ansiosos los ojos de las flores de los capachos. Pero no era el caballo de Sebastián sino otro cualquiera que pasó de largo, rumbo a quién sabe dónde.

"Está enfermo". "Se quedó jugando a los gallos". "No lo dejó venir la novia". Volvieron a turnarse en su mente las tres hipótesis y a determinar sucesivamente tres estados de espíritu distintos entre sí pero síntomas los tres de la misma realidad.

En el curso de la semana —"faltan cuatro días para el domingo", "faltan dos días para el domingo", "mañana es domingo" —Carmen Rosa se prometió seis veces a sí misma no preguntar a Sebastián el motivo de su ausencia, aparentar incluso que no había advertido esa ausencia. Por otra parte, él no tenía ninguna obligación de venir, con nadie se había comprometido a venir. Tal vez no volvería más, quizás había decidido suprimir aquellos largos paseos a caballo hasta Ortiz, tan cansones, tan sin objeto.

Pero el domingo, al salir de la misa, lo primero

que vió Carmen Rosa, lo único que vió, fué a Sebastián parado a la puerta de la iglesia. Marcharon caminando juntos hasta la casa, como el día en que se conocieron. Ellos dos en pareja, retrasándose insensiblemente de Panchito y Marta que caminaban al frente.

—No pude venir el domingo pasado —explicó Sebastián sin que ella le preguntase nada—. Se murió con la hematuria un compadre mío y tuve que velarlo y enterrarlo.

Carmen Rosa no respondió aunque se sintió invadida por un inmenso júbilo. No había existido la enfermedad, ni se quedó jugando gallos, ni lo retuvo una mujer.

—¿Notó mi ausencia? —preguntó él.

Carmen Rosa tembló. Había olvidado su preparada indiferencia y presentía, se lo anunciaban oleadas de su sangre, lo que Sebastián iba a decir después.

—¿Por qué no me responde? —insistió él—. Para mí fué algo terrible pasar un domingo sin verla.

La muchacha seguía caminando sin contestar, sin levantar los ojos de los yerbajos que emergían de las aceras rotas. En la esquina lejana cruzaron Panchito y Marta.

—Yo estoy profundamente enamorado de usted, Carmen Rosa.

Ella se detuvo un instante. Sabía lo que Sebastián iba a decir y, sin embargo, le entró por los oídos hasta el corazón, hasta la pulpa de su carne, como una brisa caliente y húmeda.

Pero continuó callada caminando a su lado. Tampoco habló más Sebastián hasta la puerta de la casa. Ahí se detuvo ella y se quedó mirándolo de frente,

cuatro, cinco segundos, con un candil de estremecida ternura en el jaguey de los ojos.
Y entraron en la casa.

17

TRES meses más tarde se casaron Panchito y Marta. Ahora Sebastián venía todos los domingos a Ortiz, no sin motivo preciso, no porque lo trajera la querencia del caballo, sino porque lo esperaba el amor de Carmen Rosa y lo conducía el rumbo ineludible de su propio corazón. Ahora no charlaban los cuatro juntos en los corredores de la casa villenera, no hablaban con Panchito del mar, ni discutían con Marta los trascendentales preparativos de la boda. Ahora Sebastián y Carmen Rosa se sentaban horas enteras a la sombra del cotoperí, a decirse mil veces lo mismo y a compartir besos fugaces cuando doña Carmelita no andada por todo aquello y Marta y Panchito les estaban dando la espalda.

La víspera del matrimonio llegó Sebastián a Ortiz. Se quedó a dormir en la casa del señor Cartaya, de quien se había hecho amigo desde que se conocieron y el señor Cartaya le preguntó:

—Siempre lo veo por los lados de la iglesia, ¿usted como que es muy devoto de Santa Rosa?

Y Sebastián le respondió sin pensarlo mucho:

—De Santa Rosa no. De Carmen Rosa.

El matrimonio se celebró el domingo en la tarde y acudió todo el pueblo, como a las procesiones de la patrona. Estaba linda la novia con aquel velo blanco de muselina barata y aquella coronita de azahares auténticos, no azahares de cera sino azahares de un limonero, todo aderezado por las manos blancas de la señorita Berenice. Panchito, en cambio, se sentía ridículo, estrambótico, privado de su desparpajo bajo la férula de aquel traje de casimir azul que había encargado a un sastre de San Juan y aquel cuello tieso que le arañaba el pescuezo y la maldita corbata que apretaba más de la cuenta.

Primero los casó, en nombre de la ley y en presencia del coronel Cubillos, el presidente del Concejo Municipal. Después los casó el padre Pernía, en la iglesia. En el momento de declararlos unidos para siempre rompió a rumiar el viejo órgano una marcha nupcial que trastabillaba lamentablemente porque la señorita Berenice la había olvidado de tanto no tocarla. Lloró de emoción Martica, lloró doña Carmelita, y también algunas mujeres del público que aprovecharon el instante solemne para llorar a sus muertos.

En la casa villenera ya estaba la mesa puesta, una larga mesa que trajo el cura de la sacristía, cubierta por un gran mantel formado por cinco manteles corrientes que Carmen Rosa había pespunteado. Sobre la mesa relucían los vasos de casquillo, la jarra de agua, las botellas de ron y la olla de mistela con un cucharón adentro.

Carmen Rosa había decorado el extenso corredor. Entre pilar y pilar colgaban bambalinas de papel de seda de encendidos colores. Estrellas y rosas rojas del mismo papel, cortadas con tijeras y pegadas con engrudo, salpicaban las paredes. Del pretil de los helechos se desprendían faralás verdes y negros rematados en flecos. A todos agradó en extremo la ornamentación, menos al señor Cartaya que gruñó como siempre;

—Niña, echaste a perder el patio con esos guilindajos.

La fiesta duró hasta la noche. Sentadas en sillas toscas de altas patas y estrecho asiento, formando zócalo multicolor contra la pared del corredor, estaban las muchachas del pueblo, las amigas de Marta y Carmen Rosa, las discípulas de la señorita Berenice, las Hijas de María, vestidas en colores chillones, cuchicheando entre ellas, riendo más alto que de costumbre bajo el calorcillo de la mistela. Alrededor de la mesa se agrupaban los hombres, se servían medios vasos de ron y hacían chistes a costa del cuello que agobiaba a Panchito. El coronel Cubillos, cordial contra su costumbre y ligeramente achispado, comentaba bajo el tamarindo:

—¡Cónfiro, qué novia más bonita se lleva ese condenado!

Epifanio afinaba el arpa al fondo del corredor, en espera de Pericote con el cuatro y del mejor maraquero de Parapara, que Sebastián había traído consigo. Llegaron luego ambos, de la mesa donde el ron los detenía, y la música saltarina del "zumba que zumba" se extendió por el patio, se enredó entre las hojas oblongas del tamarindo, sacudió los estambres henchidos de las cayenas y se echó a volar por la noche llanera.

> *Zumba que zumba*
> *no me gustan las cagüeñas,*
> *zumba que zumba*
> *porque tocan mucho piano,*
> *zumba que zumba*
> *me gustan las guariqueñas,*

zumba que zumba
porque me aprietan la mano.
Zumba que zumba
ah malhaya quien tuviera,
zumba que zumba
medio millón en dinero,
zumba que zumba
para botarlo viajando,
zumba que zumba
entre La Villa y Turmero.

Nadie supo cuando escaparon Panchito y Marta. Pero al notar su ausencia, una por una, se despidieron las invitadas. Doña Carmelita, extenuada por el ajetreo y la emoción del día, se retiró a su cuarto con dolor de cabeza y hondos suspiros. Finalmente se marcharon los hombres. El jefe civil llevaba una borrachera silenciosa y hosca, un brillo siniestro en los ojos mongoles. Pericote y el maraquero hablaban de seguir la parranda y dar serenatas. Carmen Rosa y Sebastián quedaron, sin darse cuenta, solos en el corredor, entre flores de papel caídas y la luz fatigada de las lámparas.

Él la tomó la mano y caminaron juntos, como siempre lo hacían, hasta el tronco del cotoperí. Pero esta vez era de noche, una noche sin estrellas, y el segundo piso a medio derrumbar de la casa vecina se desdibujaba en la penumbra. Sebastián le ciñó el talle y le buscó la boca para el beso. Pero fué un beso diferente a todos los anteriores, incalculablemente más largo, más intenso, más hondo. Carmen Rosa sintió correr por las venas una llamita más viva que el líquido espeso y picante de la mistela y subir por los muslos una dulce fogata jamás presentida.

El mechón negro de Sebastián se confundía con

su propio pelo. En el ancho pecho de Sebastián latía con acelerada resonancia el corazón y ella escuchaba esos latidos como si formaran parte de su propio pulso. Una mano de Sebastián subió lentamente desde su cintura, se detuvo un instante sobre sus hombros y bajó luego por entre su corpiño hasta quedarse quieta, caliente y temblorosa, sobre uno de sus senos. Era como estar desnuda en medio del campo. Una mezcla maravillosa de miedo, pudor y deleite le nubló la mirada.

No se explicaba después Carmen Rosa de dónde sacó fuerzas para librarse bruscamente de los brazos de Sebastián, de la boca de Sebastián, del corazón desbocado de Sebastián. Ni cómo logró crear aquel impulso que la separó de él cuando todo su cuerpo no deseaba otra cosa sino quedarse ahí, quemándose bajo la caricia de sus manos.

—No, ¡por favor! —dijo y le tapó los labios con el revés de la mano.

Permanecieron algunos minutos en silencio. En una casa lejana ladró un perro. Más lejos aún se escuchaba la voz zafia de Pericote martillando un corrido. Finalmente, Sebastián dijo:

—¿Me guardas rencor, Carmen Rosa?

—No —respondió simplemente ella con temerosa suavidad.

Y le dió el último beso de la noche. Pero éste fué como los de antes, precavido, fugaz, espantadizo.

18

AL DESPERTAR pensó en el beso bajo las ramas oscuras del cotoperí, bajo la noche sin estrellas, y la invadió nuevamente una sensación de abandono en el cauce de la sangre y de fogata que le subía por los muslos.

—¿De dónde saqué fuerzas para rechazar a Sebastián, Dios mío?

Por cierto que tendría que confesarse, contarle aquella escena al padre Pernía.

—¡Qué vergüenza, Santa Rosa, qué vergüenza!

El padre Pernía la escuchó con grave atención, la ayudó a salir del atolladero cuando llegó a lo más escabroso del relato, a la mano sobre el seno desnudo. Como cuando la historia del arcángel del Purgatorio, el padre Pernía le preguntó:

—¿Y te gustó, hija?

—Me gustó demasiado, padre. Y lo peor es que me sigue gustando pensar en eso, revivirlo con la imaginación.

—Desde que te conozco, hija, y te conozco desde que tienes uso de razón, es la primera vez que me confiesas un pecado mortal, un verdadero pecado mortal. No vuelvas a hacerlo. No solamente porque es pecado mortal, sino porque no te conviene.

Y le puso por penitencia, también por vez primera, un rosario completo.

No obstante, una vez concluídas las letanías, el padre Pernía se le acercó a hablarle. Tal vez pensaba el cura que había sido demasiado seco para con ella.

Se le notaba el afán de aparecer cordial, de demostrarle que no le había perdido estima por el pecado que había cometido.

—Mándame con Olegario unas flores de tu jardín, para Santa Rosa. Mira cómo está el altar de la pobrecita, sin una cayena.

Y luego:

—Santa Rosa cuenta contigo porque tú siempre te has ocupado de ella más que nadie en este pueblo.

Cuando se marchaba, la acompañó hasta la puerta del templo.

—Saludos a doña Carmelita. Que la felicito una vez más por el matrimonio de Marta. Y no te olvides de las flores.

El diálogo con Sebastián fué muy diferente. El domingo, una vez que el padre Pernía se enteró de que ya Sebastián había llegado a Ortiz, lo mandó llamar con Hermelinda.

—¿Qué quiere conmigo, padre? —preguntó sorprendido Sebastián cuando observó cómo el cura cerraba con llave la puerta de la casa parroquial. Habían quedado los dos solos en un recinto oloroso a cera, a incienso, a harina y a flores marchitas.

—¿Tú te piensas casar con Carmen Rosa? —preguntó Pernía sin preámbulos.

—Naturalmente —respondió Sebastián desconcertado.

—Pues me alegro. Pero tengo que advertirte una cosa. El padre de esa muchacha está enfermo. Tampoco tiene hermanos que den la cara por ella. Sin embargo...

—Están demás esas palabras —interrumpió Sebastián—. Ya le dije que me pienso casar con ella.

—Nunca está demás un por si acaso —continuó

impasible el cura, sin darse por enterado del tono cortante que Sebastián había empleado—. Y yo quería advertirte que si por una casualidad no son ésas tus intenciones, yo estoy dispuesto a quitarme la sotana y a meterte cuatro tiros.

Empalideció Sebastián. Nada lo soliviantaba tanto como una amenaza. No obstante, calibró rápidamente el propósito del padre Pernía, y se contuvo.

—No por sus cuatro tiros, sino porque así lo he resuelto yo desde hace tiempo, me casaré con Carmen Rosa —se limitó a decir en el mismo tono cortante.

El cura le tendió la mano y Sebastián la estrechó con firmeza. Pernía aguantó el apretón␣sosteniéndole la mirada. Comprendió entonces Sebastián que la promesa de los cuatro tiros había sido formulada con la inquebrantable decisión de cumplirla.

CAPÍTULO VII
ESTE ES EL CAMINO DE PALENQUE

19

Un mediodía de noviembre, era domingo por cierto, se detuvo un autobús en Ortiz. Algo extraño sospecharon los escasos habitantes del pueblo desde el amanecer, cuando presenciaron el estrepitoso despertar del coronel Cubillos. Los gritos desmedidos del jefe civil agrietaron la madrugada e hicieron cantar a los gallos antes de tiempo. Se escuchó un inusitado acento metálico de peinillas, tres peinillas que yacían olvidadas en un rincón de la Jefatura, y un más inusitado rastrillar de máuseres, tres máuseres que nadie supo de dónde salieron. A las seis de la mañana se hallaban los dos desdichados que fungían de policías en Ortiz, de peinilla terciada y máuser en la diestra, montando guardia a la puerta de la Jefatura.

Cundieron el asombro y el miedo. El coronel Cubillos, hermético y huraño, no dejaba traslucir el motivo de sus belicosas precauciones. Inclusive los policías ignoraban la causa de aquel despertar con máuser y peinilla. Todo quedó a merced de las suposiciones, formuladas a media voz y a puertas cerradas.

—¡Hay un alzamiento en Calabozo!

Fué el primer rumor. Nació en la vaquería de la señora Socorro, pasó por la escuela de la señorita Berenice, se detuvo en la casa parroquial y se desparramó luego, cabalgando en la voz de Hermelinda, de ruina en ruina, de corral en corral.

—Es Arévalo Cedeño que invadió por el Meta. Esta vez trae más gente que nunca y ya está atacando a San Fernando.

Fué el segundo y más insistente rumor. Nació en la bodega de Epifanio, lo llevó Pericote a la casa de Panchito y de ahí enfiló hacia la iglesia para extenderse luego, en la voz mensajera de Hermelinda, de punta a punta del pueblo, corrigiendo su anterior confidencia.

Pero el señor Cartaya pasó como al azar por el telégrafo, se enteró de la verdad y por él la conocieron Sebastián, Panchito y el cura Pernía. Los estudiantes de Caracas, presos desde hacía varias semanas en un campamento cercano a la capital, serían trasladados ese domingo a los trabajos forzados de Palenque. Ortiz estaba en el camino. Un telegrama con la noticia, recibido por el coronel Cubillos la noche anterior, determinaba su agitación de hoy.

El autobús no solamente pasó por Ortiz sino que se detuvo frente a la bodega de Epifanio. Era la primera parada desde la víspera, cuando salió de Guatire, mucho más allá de Caracas, con su cargamento de presos. Había atravesado en la noche y a gran velocidad las desiertas calles mudas de la capital. Tomó después el rumbo de los Valles de Aragua, hasta caer en los Llanos dando tumbos, con el motor a toda marcha. El cortejo de automóviles familiares que intentó seguirlo había sido detenido en seco por los fusiles de un pelotón de soldados.

Los estudiantes ignoraban la meta de aquel autobús amarillo que corría locamente con ellos adentro. Los soldados que los custodiaban, uno en cada extremo de los asientos, guardaban un estúpido silencio de piedra. El capitán, sentado junto al chofer, ni siquiera se volvía a mirarlos. Apenas daba signos de vida el coronel Varela, un tuerto vestido de civil, bajo cuya vigilancia se realizaba el traslado, para gruñir órdenes concisas de tiempo en tiempo.

Tan sólo vislumbraron el destino que les aguardaba cuando el autobús abandonó la carretera que iba en busca del mar y torció bruscamente hacia los Llanos. Entonces uno de ellos dijo simplemente:

—Éste es el camino de Palenque.

Los demás comprendieron y callaron. El golpe de las ruedas en los baches, el trepidar asmático del motor, los latidos del corazón, modularon largo rato el eco de aquellas palabras:

Éste es el camino de Palenque.
Éste es el camino de Palenque.
Éste es el camino de Palenque.

El autobús que había cruzado, a la media luz subrepticia de la madrugada, pueblos con vida y campos sembrados, avanzó toda la mañana a través de un llano duro y desolado, sin casas y sin gente. Hasta que surgió la silueta de Ortiz, bajo el desamparo del mediodía, y el vehículo se detuvo frente a la bodega de Epifanio.

Bajaron todos, con las piernas entumidas, de la máquina polvorienta: los dieciséis estudiantes presos, los doce soldados con bayoneta calada, el capitán con el revólver en la mano, el coronel tuerto vestido de civil, el chofer.

—¡Entren a la bodega! —gritó Varela.

Entraron sin prisa. El cansancio y la sed gravitaban por igual sobre guardias y prisioneros. Llegó Cubillos con sus dos policías y se puso a las órdenes del coronel Varela. Epifanio sirvió gaseosas de colores pálidos y destapó viejas latas de sardinas. El fonógrafo de la bodega, voz gangosa de indio borracho, corneta verde descascarada, chilló un merengue de otros tiempos. Un ritmo pegajoso, una canción zumbona en la cual se hablaba de la guerra del 14, de los triunfos alemanes, del cañón cuarenta y dos, del Káiser. En los versos finales salía malparado el Emperador.

Eran muy jóvenes los dieciséis estudiantes presos. El mayor entre ellos, seguramente el de la barba tupida y negra de fraile español, no llegaba a los veinticinco años. Pero los otros, el de los tranquilos ojos azules, el de la aguda nariz hebraica, el de la pálida frente cavilosa, el de las pobladas cejas hirsutas, el regordete de los grandes anteojos, el mulatico de la boina, apenas habían cumplido veinte.

Tres hombres llagados y andrajosos los observaban con indolente curiosidad desde la baranda de la plaza. Dos chiquillos barrigones, de narices mocosas y pies descalzos, se acercaron hasta la puerta de la bodega y se quedaron mirando hacia el interior con ojos de asombro. Más tarde se aproximaron el señor Cartaya y Sebastián, entraron con despabilada naturalidad a la bodega, compraron cigarrillos, hablaron con Epifanio de cosas del lugar. Y luego, en un descuido de los vigilantes, el señor Cartaya extrajo de sus bolsillos un frasco de quinina y se lo tendió al estudiante de la barba cerrada, uno a quien sus compañeros nombraban Clemente.

—Les puede ser útil —dijo el viejo masón.

En cuanto a Sebastián, se había acercado al estudiante mulato de la boina vasca.

—Ese sombrerito no aguanta sol —murmuró.

Y despojándose de su propio sombrero:

—Mejor es que se lleve el mío. Usted no sabe lo que es el sol del Llano.

Pero ya se acercaba el coronel Cubillos, con una dura ráfaga de indignación en el gesto.

—Se prohibe hablar con los presos —gritó a Sebastián.

—No lo sabía —respondió éste a manera de excusa.

—¡Pues, sépalo! —chilló Cubillos amenazante.

—Perdone usted —intervino Cartaya conciliador—. Yo ni siquiera sabía que estos jóvenes estaban presos.

Y salieron los dos lentamente de la bodega, perseguidos por los ojos furiosos del jefe civil. El estudiante de la boina se había puesto ya el sombrero pelo de guama de Sebastián, como si fuera el suyo de toda la vida.

20

EL CAMIÓN amarillento, dieciséis estudiantes, doce soldados, un capitán de uniforme y un coronel tuerto vestido de civil, siguió por el camino de los Llanos, dando tumbos entre los baches, levantando nubarrones de polvo reseco y caliente. En Ortiz quedó su huella perdurando largas horas. En la bodega de Epifanio, en la casa parroquial, en el patio de las Villena, en la escuela de la señorita Berenice, en la Jefatura Civil, no se habló de otra cosa durante todo el día.

—¡Pobrecitos! —sollozaba Hermelinda entre palmas marchitas de un Domingo de Ramos y velas apagadas a medio consumir—. Son casi unos niños, padre Pernía. Santa Rosa los acompañe...

—Dios mismo los acompañe —respondía el padre Pernía preocupado—. Por el camino que se fueron no queda sino Palenque, que es la muerte.

¿La muerte? Ese era el tema, la muerte. De los trabajos forzados de Palenque, moridero de delincuentes, regresaban muy pocos. Y esos pocos que lograban volver eran sombras desteñidas, esqueletos vagabundos, con la muerte caminando por dentro.

—No regresarán —gruñía enfurecido el señor Cartaya en el patio de las Villena—. Los matarán a latigazos y los enterrarán en la sabana.

—¡Hay que hacer algo! —añadía Sebastián apretando los puños, agobiado por la pesada certidumbre de que nada podían hacer.

Panchito refirió cuanto sabía de aquellos presidios: Palenque, la China, el Coco. Su mujer lloró al escucharlo. Marta estaba embarazada y seguía siendo linda con su barriguita, su caminar pausado y su llanto por los estudiantes presos.

—Los tiran a dormir en el suelo, les remachan grilletes en los pies, los sacan a trabajar desde la madrugada, les caen a latigazos si intentan descansar, los matan de hambre, les pega el paludismo, los revienta el sol —enumeraba Panchito implacablemente.

Y Martica se enjugaba las lágrimas en el extremo de la manga, como ayer, cuando él encontró una calavera en las bóvedas del viejo cementerio.

—Deben haberse puesto feas las cosas en Caracas cuando mandan los estudiantes a morirse en Palenque —opinaba Pericote en la bodega de Epifanio.

—Mejor es que no te pongas a hablar pendejadas —le aconsejaba el bodeguero—. Si así tratan a los estudiantes, ¿qué dejan para nosotros?

Y los dos se quedaron mirando en silencio el vuelo

de una mosca gorda y verdosa que llegó atraída por el vaho de las sardinas rancias.

—¿Qué se estarán creyendo esos cagaleches? —denostaba el coronel Cubillos en la Jefatura, con el secretario y los dos policías como auditorio—. ¿Que van a tumbar al general Gómez con papelitos? En la carretera van a saber cómo se bate el cobre.

—Sí, coronel —musitaba rastreramente el secretario.

—Fusilarlos es lo que ha debido hacer el general Gómez para que se acabara la guachafita. Los pone en la Universidad, les paga los estudios y ahora le salen con protestas. ¡Son unos malagradecidos!

—Sí, coronel —volvía a decir el secretario.

Pero el coronel se dirigía ahora a uno de los policías:

—¿Usted se fijó, Juan de Dios, en el Sebastiancito ese de Parapara? Hablando bajito con los presos y con cara de arrecho, como si no le gustara que se los llevaran. Ese como que no sabe quien es el coronel Cubillos. Si me vuelve a jurungar, le pego un mecate y lo mando amarrado a Palenque para que aprenda a respetar. Como dos y dos son cuatro.

—Sí, coronel —repetía el secretario.

21

EN EL AUTOBÚS amarillento que corría desalado por los Llanos no se hablaba de la propia desventura sino de la ya consumada desventura de Ortiz y su gente. No bien se perdieron en el polvo las últimas ruinas, uno de los estudiantes, el regordete de los grandes anteojos, exclamó:

—¡Qué espanto de pueblo! Está habitado por fantasmas.

Y el del sincero rostro redondo:

—¿Y las casas? Más duelen las casas. Parece una ciudad saqueada por una horda.

Y el mulato corpulento, estudiante de medicina:

—Una horda de anofeles. El paludismo la destruyó.

Y el de la nariz respingada y ojos burlones:

—¡Pobre gente! Y se les nota que son buenos.

Y el que llevaba el sombrero de Sebastián:

—La gente siempre es buena en esta tierra. Los malos no son gente.

Callaron un rato porque Varela los miró torcidamente después de esta frase. El autobús atravesaba un brazo de sabana amarilla, agrietada y áspera. Era un paisaje arañado por un árbol espinoso y polvoriento, ensombrecido por el esqueleto de una vaca, aún con piltrafas de cuero entre las costillas.

El de la cerrada barba dijo mucho después:

—¿Y los niños de aquel pueblo? Tienen el color de la tierra que se comen.

Y el retaco de la voz detonante:

—Son saquitos de anquilostomos.

Y el de las patillas de prócer:

—Crecen descalzos, con los pies llenos de niguas.

Y el del perfil autoritario:

—¡Malditos sean los culpables!

Varela volvió a mirarlos torvamente y callaron de nuevo. El autobús cruzaba el lecho seco de un río, daba bandazos entre los peñascos, se arrastraba con dificultades por el suelo arenoso. Una paloma montaraz

machacaba su acento melancólico entre las enjutas palmeras de la orilla.
El de las pobladas cejas hirsutas dijo luego:
—¡Qué hermosas fueron vivas aquellas casas muertas!
Y el de los ojos inquietos bajo los lentes doctorales:
—Fueron hechas con un sólido y sobrio sentido de la arquitectura.
Y el de los tranquilos ojos azules:
—Una casa sin puertas y sin techo es más conmovedora que un cadáver.
Y el mestizo de bigotes mustios y gestos apacibles:
—Será necesario levantarlas de nuevo.
Pasaron un pequeño caserío y después El Sombrero, otra ciudad polvorienta. A la puerta de una choza taciturna ladró un perro cobrizo y esquelético. Desde la orilla del camino los vió pasar un jinete macilento sobre un caballo desvencijado. Comenzaba a caer la tarde pesadamente en un cielo cremoso, desagradable. Los presos dormitaban fatigados.
El de la negra mirada incisiva dijo súbitamente:
—Yo no vi las casas, ni vi las ruinas. Yo sólo vi las llagas de los hombres.
Y el de la pálida frente cavilosa:
—Se están derrumbando como las casas, como el país en que nacimos.
Y el de la aguda nariz hebraica:
—"Plurima mortis imago".
Varela se sacudió, enardecido por el latinazo que estaba muy lejos de su entendimiento.
—¡A callarse! —gritó con voz destemplada.
Callaron esta vez largo trecho. La velocidad del

autobús había disminuído considerablemente. Ahora iban, en lento rodar silencioso, al encuentro de la noche. A ras del horizonte parpadeaban las primeras luces del presidio.

CAPÍTULO VIII

EL COMPADRE FELICIANO

22

Las huellas del autobús amarillento se borraron primero en el polvo de las sabanas y luego en el lecho arenoso de los ríos sin agua, pero no en el corazón de Sebastián. Cuando dijo "hay que hacer algo" en el patio de las Villena, no lo dijo por decir, sino porque lo escuchaba como mandato imperioso de su condición humana. Tratando de desentrañar una expresión concreta de ese "algo" en el aroma del mastranto, en el grito de los alcaravanes, en el espejo sucio de las charcas, iba de Parapara a Ortiz, de Ortiz a Parapara, a ver a Carmen Rosa, de ver a Carmen Rosa, por las mismas trochas de antaño pero sacudido por un ímpetu nuevo y avasallador.

Carmen Rosa lo oía hablar de cosas que nunca le preocuparon en el pasado, de cuya existencia no se había percatado él cabalmente hasta el instante en que se detuvo un autobús de presos frente a la bodega de Epifanio:

—No es posible soportar más. A este país se lo han cogido cuatro bárbaros, veinte bárbaros, a punta de lanza y látigo. Se necesita no ser hombre, estar castrado como los bueyes, para quedarse callado, resignado y conforme, como si uno estuviera de acuerdo, como si uno fuera cómplice.

Y otro domingo:

—Los estudiantes dejaron sus casas y sus libros y sus novias, para hundirse en los calabozos de la Rotunda y del Castillo, para que los mataran de un tiro, para que los mandaran a morirse en Palenque. Sería un crimen dejarlos solos.
Y al domingo siguiente:
—Los que mandan son cuatro, veinte, cien, diez mil. Pero los otros, los que soportamos los planazos y bajamos la cabeza, somos tres millones. Yo sí creo que se puede hacer algo. Yo no soy un iluso, ni un poeta de pueblo, sino un llanero que se gana la vida con sus manos, que ha criado becerros, que ha domado caballos. Y sé que se puede hacer algo.

A Carmen Rosa le preocupaba hondamente ese estado de ánimo de Sebastián, pero se limitaba a escucharlo emocionada y un poco triste. ¿Qué podía hacer Sebastián solo, desarmado, habitante de una región palúdica y sin gente, contra la implacable, todopoderosa, aniquiladora maquinaria del gobierno? Era como si una brizna de paja pretendiese detener la marcha de un tractor, o como si una mariposa amarilla, de esas del Llano, intentara atajar con sus alas el empuje del viento. Pero de nada valía exponer tales razones a Sebastián. Carmen Rosa había llegado a conocerlo y sabía que cuando adoptaba una resolución y esa resolución le echaba raíces en la mirada terca, ya nada ni nadie podían torcer el camino que iba a tomar.

Un lunes no enrumbó el caballo hacia Parapara sino por la ruta de El Sombrero, a comprar dos vacas, dijo. Pero al regreso no mencionó las dos vacas. Carmen Rosa adivinó en el brillo de los ojos que algo trascendental le había ocurrido. Sebastián se lo contó al atardecer, a la sombra del cotoperí:

—Hay un complot para asaltar La China y librar

a los estudiantes. Ya están comprometidos varios soldados y caporales de la guarnición del presidio. Y en El Sombrero hay treinta hombres armados dispuestos a secundarlos. Mi compadre Feliciano es uno de ellos. Cuando yo le hablé de mi resolución de hacer algo, cuando le dije lo que te he dicho a ti tantas veces, me lo contó todo.

—Y después que tomen el presidio y pongan en libertad a los estudiantes, ¿qué van a hacer? El gobierno mandará un ejército de miles de hombres para aplastarlos...

—Todo está previsto —interrumpió Sebastián con vehemencia—. Después que se tome el presidio, los estudiantes, los treinta hombres de El Sombrero, los soldados de la guarnición y los presos comunes que quieran acompañarlos, formarán un contingente para unirse a Arévalo Cedeño que anda alzado por los Llanos.

—¿Y cómo encuentran a Arévalo?

—Buscándolo, mi amor, buscándolo. Y si no lo encuentran, tomarán el camino de Apure para llegar hasta Colombia con los estudiantes sanos y salvos.

—¿Y tu compadre Feliciano está metido en ese asunto?

—Mi compadre Feliciano y yo también. Hay que hacer algo, Carmen Rosa.

Ya lo presentía la muchacha desde las primeras palabras, desde la mañana cuando vislumbró un resplandor extraño en los ojos de Sebastián. Se había comprometido, en efecto, con los conspiradores. El asalto había de producirse cuatro o cinco semanas después. Sebastián volvería a El Sombrero al aproximarse la fecha y se incorporaría a los treinta hombres que había mencionado el compadre Feliciano.

Expusieron parte del plan al señor Cartaya y a la señorita Berenice. Se podía confiar en ellos ilimitadamente. Sin embargo, Sebastián omitió lo del complot para librar a los estudiantes y se limitó a decirles que las guerrillas de Arévalo andaban por los Llanos y que él había decidido salir en su busca para sumarse a la montonera. Desde hacía tiempo constituían los cuatro tácitamente un pequeño comité revolucionario que comentaba con esperanzado entusiasmo las noticias aisladas que hasta Ortiz llegaban atravesando sabanas pardas y linfas cerdosas: "El general Gabaldón se alzó en Santo Cristo"; "Norberto Borges respondió en los Valles del Tuy" "Los desterrados venezolanos tomaron a Curazao e invadieron por Coro"; "Se espera una expedición en grande, con barco y todo, que viene de Europa". El señor Cartaya había mantenido durante largo tiempo correspondencia en tinta simpática con el doctor Vargas, orticeño, revolucionario y bragado, cuando éste se hallaba en el destierro.

La señorita Berenice, no obstante su total adhesión a la insurgencia cívica de los estudiantes de Caracas, no obstante su indignada congoja por saberlos presos y engrillados, se mostraba en desacuerdo absoluto con esos alzamientos armados y mucho más aún con el proyecto de Sebastián.

—La guerra civil —gemía con un horror casi supersticioso— es la causa de todos nuestros males. Si Ortiz está en escombros, si la gente ha huído, si la gente se ha muerto, todo pasó por culpa de las guerras civiles. Dicen que fué el paludismo, que fué el hambre, que fué la ruina de la agricultura y de la ganadería. Pero, ¿quién trajo el hambre?, ¿quién trajo el paludismo?, ¿quién arrasó los conucos?, ¿quién acabó con el ganado?

Y se respondía ella misma:

—La guerra civil. Aquí había mosquitos siempre y nos picaban siempre sin que nos diera paludismo. Pero los soldados jipatos que venían en campaña desde el Llano se paraban en Ortiz. Y se paraban en Ortiz los que iban a perseguir las revoluciones de Oriente y los que venían de Oriente en revolución. Esas fueron las sangres que envenenaron a nuestros mosquitos, que nos trajeron la perniciosa y la muerte.

Era difícil interrumpirla entonces:

—Las guerras civiles reclutaron a nuestros hombres jóvenes, pisotearon y arrancaron nuestras maticas de maíz y frijoles, mataron nuestras vacas y nuestros becerros y nos dejaron el paludismo para que acabara con lo poquito que quedaba en pie.

El señor Cartaya esperó pacientemente en aquella ocasión el final del discurso y luego arremetió en defensa de la insurrección:

—Berenice (era la única persona en el pueblo que la llamaba Berenice a secas), Berenice, yo no soy partidario de la guerra civil como sistema, pero en el momento presente Venezuela no tiene otra salida sino echar plomo. El civilismo de los estudiantes terminó en la cárcel. Los hombres dignos que han osado escribir, protestar, pensar, también están en la cárcel, o en el destierro, o en el cementerio. Se tortura, se roba, se mata, se exprime hasta la última gota de sangre del país. Eso es peor que la guerra civil. Y es también una guerra civil en la cual uno solo pega, mientras el otro, que somos casi todos los venezolanos, recibe los golpes.

Pero no se rindió fácilmente la señorita Berenice. Volvió a insistir una y otra vez acerca de las calamidades que las guerras civiles acarreaban, acerca de la esteril consumación de aquellos sacrificios.

—Y ahora se van a llevar al novio de Carmen Rosa —concluyó desolada.

—A mí no me lleva nadie, señorita Berenice. Yo voy por mi cuenta —dijo Sebastián.

Finalizada la reunión del comité en la casa de las Villena, Sebastián acompañó a la señorita Berenice hasta la puerta de la escuela. Desde el umbral le preguntó la maestra:

—¿Entonces usted está resuelto a irse con Arévalo de todos modos?

—Así lo pienso —respondió Sebastián con firmeza.

La señorita Berenice lo dejó solo un instante y regresó con un pesado paquete cuidadosamente envuelto. Al abrirlo más tarde, a la luz de la lámpara de carburo del señor Cartaya, Sebastián encontró un revólver. Era un Smith y Wesson anticuado, de cacha nacarada y largo cañón, cargado con seis desmesuradas balas negruzcas.

¿De dónde diablos sacaría la señorita Berenice, toda blanca y serena como una bandera de paz, aquel anacrónico, imponente, espantoso revólver?

23

EN CUANTO a Carmen Rosa, permanecía en una resignada, silenciosa actitud frente a la decisión de Sebastián. Si él se iba, rumbo a un oscuro destino del cual bien podía no regresar, que no se fuera al menos con la espina de suponerla en desacuerdo.

Por otra parte, sucedió algo que la hizo meditar.

Ortiz derrumbada seguía siendo hito forzoso en el camino de los Llanos. La carretera atravesaba su antigua calle real, enfrentándose a un decorado de escombros y hombres llagados. Los viajeros que la cruzaban por vez primera miraban hacia las ruinas con asombro, a veces con espanto, sobrecogidos bajo la sensación de desembocar inopinadamente en un mundo fantasmagórico.

Camino de El Sombrero, en automóviles de alquiler o en camiones de carga, pasaban con frecuencia mujeres que venían desde Valencia, desde Caracas, desde más lejos. Entre Ortiz y El Sombrero se extendía una sabana que la señorita Berenice designaba con un nombre bíblico: El valle de las lágrimas. Así le decía porque esas mujeres que la cruzaban, madres, hermanas, esposas o queridas de los presos, iban llorando con una tenue lucecita de esperanza en el cristal de las lágrimas y volvían llorando lágrimas opacas y oscuro desaliento.

Carmen Rosa las veía desfilar desde la puerta de la escuela de la señorita Berenice. Casi siempre eran mujeres de pueblo —¡cuántos sacrificios, cuánta hambre, cuántos portazos despectivos para lograr reunir el dinero que costaba aquel largo viaje!—, envueltas en pañolones de tela burda, secándose las lágrimas con humildes pañuelos de algodón. Emprendían la dura jornada "a ver si lograban verlo", "a preguntar si todavía estaba vivo". Y volvían sin haberlo visto y sin haber obtenido respuesta a sus preguntas.

Raras veces se detenían en aquel pueblo desierto y doloroso. Pero aquella vez lo hizo un automóvil canijo, un viejo Ford destartalado manejado por un hombre rubio de ojos azules y agudo perfil. Lo acompañaban dos mujeres, madre e hija, casi tan blancas como la señorita Berenice.

El vehículo apareció en la calle real de Ortiz humeando por la tapa del radiador, acezante como un perro enfermo, tambaleante como una mula despeada. Y se detuvo a saltitos, entre ruidos de cacharros rotos, frente a la puerta de la escuela, la única puerta abierta en aquella hora del sol, y frente a Carmen Rosa, el único habitante visible en aquella soledad.

—¿Me puede hacer el favor de regalarme una lata de agua? —dijo el conductor.

—Con mucho gusto —respondió Carmen Rosa.

Entró a buscar el agua. El joven la siguió hasta el interior de la escuela con el propósito de echarse al hombro la lata. Cuando regresaron, las dos mujeres habían descendido del automóvil y se hallaban paradas en mitad de la calle, contemplando en silencio las casas derruídas.

—Si quieren descansar un rato, pueden entrar a la casa —dijo la señorita Berenice que se había reunido al grupo.

Entraron. La madre era una mujer de pelo entrecano y hablar pausado, de rasgos que denunciaban hondos sufrimientos, de mirada serenada por una quieta resignación. La hija era una espiga luminosa, una altanera venadita rubia, una hermosa muchacha con algo de lucero. Nunca vieron antes belleza igual la señorita Berenice ni Carmen Rosa. Al mirar, se llenaba de azul el patio. Al sonreír, se desvanecían los trazos aristocráticos del perfil, borrados por una dulce sencillez de maíz tierno.

—¿Van para El Sombrero? —preguntó la señorita Berenice.

—Vamos hasta donde podamos —respondió la madre—. Mi hijo es estudiante y está preso en Palenque, en la China. Vamos a ver si logramos verlo, a preguntar si todavía está vivo.

"A ver si logramos verlo", "a preguntar si todavía está vivo", las mismas palabras que estremecían la voz de todas las mujeres que por ahí pasaban rumbo al Llano. Ahora no las decía una viejecita color tabaco, de pañolón negro, sino esta señora de airosos modales tristes. Pero eran las mismas palabras.

Después habló la joven. Tal vez elevaba demasiado el tono pero era tan de plata el metal, tan de cristal las inflexiones, que nadie podía escapar del hechizo de aquella voz. No se lamentaba de la amarga suerte de su hermano engrillado en Palenque, ni de la ausencia de su novio preso en el Castillo, sino mencionaba sus nombres con orgullosa ternura:

—Mi hermano dejó un canario en la casa y hay que ver con qué rabiosa alegría canta todas las mañanas. Parece que él también se siente satisfecho de que su dueño saliera a dar la cara por Venezuela.

No tenían miedo la madre ni la hija. Decían en alta voz las cosas que nadie osaba decir en alta voz en Ortiz, ni en ningún otro sitio poblado del país. Ejercían abiertamente su derecho a acusar que les otorgaba su condición de madre de preso, de hermana de preso.

Permanecieron varios minutos en el corredor donde funcionaba la escuela. La señorita Berenice les preparó café con leche, porque no se atrevió a ofrecerles el agua barrosa que en Ortiz se tomaba. No eran gente rica las dos visitantes, se advertía claramente en el Ford desvencijado y en la tela barata de los trajes.

pero sí emanaba de ellas una cautivadora resonancia de tiempos ya remotos.

La joven habló de Caracas, de las sabanas calientes del Llano, de Ortiz derrumbado, de los motines estudiantiles. Todos callaron para oírla. El plata, aluminio, cristal, agua corriente de su voz, iba de un tema a otro espolvoreándolos de poesía y de gracia.

—¡Nos vamos! —gritó desde la calle el conductor.

Se despidieron y subieron al automóvil. El agua terrosa había calmado la sed del viejo Ford y aun le corrían por la caparazón hilillos de pantano. Carmen Rosa lo vió perderse en el confín de la calle, entre nimbos de polvo y rebrillos de sol.

Al día siguiente, y también al otro, Carmen Rosa se asomó muchas veces a la calle real, hizo de centinela a la puerta de la escuela. Quería volver a ver a las dos mujeres, saber noticias de los estudiantes presos. Pero no logró su propósito. Tal vez regresaron de noche, esquivando el castigo del sol.

En las dos mujeres pensaba el domingo en la tarde, al pie del cotoperí, cuando Sebastián le hizo la pregunta:

—¿En qué piensas?

Y ella dijo por vez primeras unas palabras que Sebastián estaba esperando desde hacía varias semanas:

—Tengo miedo de que te vayas, estaré muy triste cuando te hayas ido, pero la verdad, Sebastián, es que me siento orgullosa de ti.

24

A LA PUERTA de la casa de Sebastián en Parapara sonaron tres duros golpes impacientes. Golpes de madera sobre madera que bien pudieran haber sido producidos por el garrote de un visitante o por la culata de un fusil. Eran las doce de la noche y jamás nadie llamó antes a aquella puerta a tal hora y en tal forma.

Sebastián se enderezó lentamente sobre la red del chinchorro. Pensó en el viejo revólver que le había regalado la señorita Berenice y que estaba ahí, en un baúl sin cerradura, al alcance de su mano. ¿Con qué objeto? Si venían a buscarlo, de nada valdría el revólver, sino para que lo dejaran muerto como un perro junto a la acera y nadie se atreviera a acercarse a su cadáver durante largo tiempo.

Los golpes a la puerta volvieron a sonar mientras caminaba hacia ella. Oyó una voz familiar que se filtraba por las rendijas:

—¡Abra, compadre!

Era Feliciano, su compadre de El Sombrero. Sebastián saltó hacia la puerta sin encender luces, descorrió lentamente el cerrojo y escuchó las noticias en el angosto zaguán oscuro:

—Compadre, se descubrió todo. Alguno delató la cosa y se descubrió todo.

Caminaron sin cruzar palabra hasta el fondo de la casa y se sentaron en una laja del patio terroso y sin matas. En el cielo fosco parpadeaba una sola estrella.

—Al soldado Pedro García, que nos traía la correspondencia del presidio, lo tumbaron de un tiro sobre la carretera. A los estudiantes los están torturando para hacerlos cantar. Pero no han dicho nada. Sebastián escuchaba con huraña ansiedad, fijos los ojos en la epidermis seca del patio.

—A los soldados y caporales del presidio que estaban comprometidos en el golpe, les han caído a latigazos, a planazos, a bayonetazos. Ya han matado a dos.

La voz del compadre Feliciano se hizo más cautelosa:

—En El Sombrero agarraron a Montilla y a tres más. El próximo preso iba a ser yo.

Por ese motivo había decidido escapar esa misma noche. En el tinglado de un camión de carga logró obtener un sitio sin decir su nombre. Se bajó en la carretera, más acá de Ortiz, a una legua de Parapara. Y aquí estaba.

—¿Y qué piensa hacer ahora, compadre?

—Pues yo tengo un amigo con un hato por aquí cerca, rumbeando al norte, usted sabe. Para allá pienso irme, a vestirme de peón y a trabajar en el hato y a esperar lo que pase. Si me buscan o no me buscan, si se olvidan de mí.

Tenía razón el compadre Feliciano. De haberse quedado en El Sombrero tal vez estaría ya acurrucado en el cepo de campaña, con el espinazo doblado por el peso de los fusiles, con los guarales rompiéndole los dedos de las manos, con el rostro sangrante bajo los cuerazos.

—Llévese mi caballo —dijo Sebastián. Y caminó lentamente a ensillar el alazano.

El compadre Feliciano siguió su camino, en el caballo de Sebastián esa misma noche. Aún parpadeaba una sola estrella y apenas ladró un perro cuando jinete y cabalgadura cruzaron las últimas casas del pueblo. Sebastián esperó la luz de la mañana, sentado en el chinchorro, sin vestirse. Desfilaban por su mente los soldados muertos, los estudiantes bajo el cepo, las guerrillas de Arévalo Cedeño cruzando a nado un río crecido, el revólver inútil que le regaló la señorita Berenice.

Lo sobresaltó el canto del primer gallo. Era un canto desgarrado, angustioso, como de corneta desafinada. Le respondió otro, timbrado y desafiante. Y otro de pollo que estrenaba su canto. Y de nuevo la corneta desgarrada. Y luego un largo silencio sin gallos. Un amanecer lechoso entrelucía sobre la noche que se apagaba.

El compadre Feliciano y su caballo alazano estarían ya lejos, monte adentro. Entre los alambres del presidio amanecería otro soldado muerto y otro herido gritando "¡ay, mi madre!". Y él tendría que seguir rumiando su resignación entre hombres llagados y casas en escombros.

—Me iré a buscar a Arévalo de todos modos —dijo de repente para sus adentros.

Y añadió en alta voz, mirando hacia el corral vacío:

—Tendré que conseguir otro caballo.

CAPÍTULO IX
PETRA SOCORRO

25

EL CORONEL CUBILLOS, jefe civil de Ortiz, estaba en Ortiz cumpliendo un castigo, o condena si se quiere. No de otra manera podía interpretarse que quien había sido en otro tiempo primera autoridad de una floreciente población de los Andes, luego ayudante personal —entre amigo y espaldero de confianza— de uno de los hijos más mentados del general Gómez, viniera a parar a este pueblo en desintegración, expuesto a la picada ponzoñosa de los mosquitos que por igual embestían a gobernantes y a gobernados.

Hermelinda, la de la casa parroquial, lo averiguó todo, nadie supo cómo. Era cierto lo de la jefatura civil de los Andes, era cierto lo de la cercanía al hijo del general Gómez, era cierto incluso que su nombre sonaba ya como candidato a una presidencia de Estado, cuando Cubillos se cayó a tiros con otro tipo no menos coronel y no menos allegado a la cepa gomecista. Sobre los motivos y la ocasión de esos balazos, Hermelinda exponía dos versiones. Cubillos, según la una, pretendió cobrarle al otro una parada de dados que éste no reconocía, y la discusión violenta degeneró en revólveres desenfundados y en los disparos del cuento. No existieron tal parada de dados ni tal duelo a tiros, según la versión posterior, sino simplemente una brusca, arrebatada y generosa inclinación erótica de la querida de Cubillos hacia el otro sujeto.

El suceso, de esto sí no abrigaba Hermelinda la menor duda, fué que el otro apareció muerto en un arrabal de Maracay, con tres balazos en el cuerpo, disparados por el mismo revólver e igualmente mortales, dos en el abdomen y uno que le entró por la espalda y le perforó un pulmón. Fué un crimen misterioso que no reseñaron los periódicos ni dió quehacer a ningún juzgado. No obstante, todos comprendieron que el general Gómez había obtenido un fidedigno relato de los acontecimientos, porque a los pocos días Cubillos fué detenido, sin que le valieran su coronelato ni sus amistades poderosas, y enviado con grillos y sin consideración alguna a un castillo junto al mar. Se necesitaron la intervención acuciosa del hijo de Gómez y las gestiones repetidas de otras personas influyentes para que el viejo dictador, al cabo de varios meses, se ablandara.

—Bueno —dijo a los amigos de Cubillos—. No solamente lo voy a sacar de la cárcel sino que también lo voy a nombrar jefe civil.

Y, en efecto, lo designó jefe civil de Ortiz. Jefe civil de cuatro casas derrumbadas, de una ciénaga verdosa y de un puñado de hombres medio fantasmas. Lo cual no era obstáculo para que, cuantas veces oía mencionar el nombre de Gómez, el coronel Cubillos interviniese con un entusiasmo y una convicción irrefrenables:

—¿El general Gómez? Ese es el hombre más bueno del mundo.

Pero, a pesar de esas efusiones y de los cohetes que hacía estallar el 19 de diciembre, se percibía a simple vista que el coronel Cubillos no permanecía muy a gusto en aquel pueblo, y que un sordo rencor le corroía las entrañas. Miraba a todos torcidamente, como si anduviera buscando a alguien en quien vengarse del menguado destino que lo condujo a aquel moridero.

Era harto difícil encontrar en Ortiz un ser humano apropiado para descargar sobre sus espaldas aquel encono soterrado. ¿Ladrones? No había ladrones en tan desamparada soledad; nadie disponía de ánimos para cuidar la propiedad, ni tampoco para robarla. Se cerraban la tienda, la bodega y algunas casas al anochecer, era la costumbre, pero bien podrían haberse dejado abiertas que ningún llagado, ningún estremecido de escalofríos, se habría levantado del chinchorro para tomar lo que no le pertenecía. ¿Reyertas? Tampoco había reyertas en Ortiz, ni estaban jamás en trance de irse a los puños aquellos hombres a quienes los anquilostomos habían desgastado la voluntad y el vigor. Se recordaba apenas la ocasión en que Pascual, el carpintero, le hizo una herida diminuta y honda con el punzón a un forastero borracho que se metió en su casa gritando palabras soeces delante de las mujeres. Pero ni la herida fué grave, ni había llegado todavía al pueblo el coronel Cubillos. ¿Política? Eso, muchísimo menos. Las conversaciones inconformes de Cartaya, la señorita Berenice, Carmen Rosa y Sebastián no trascendían un metro más allá de los helechos de la casa villenera. En cuanto al resto de la población, ni siquiera sabía qué cosa era la política.

Al coronel Cubillos no le quedaba otro recurso sino el de acallar su encrespado resentimiento y estarse horas enteras a la puerta de la Jefatura, sentado a horcajadas en una silla de cuero, con el foete entre las piernas y la faja con revólver asomando por el liquiliqui entreabierto, viendo pasar de cuando en cuando a un hombre macilento que arrastraba los pies, a una mujer harapienta con una lata de agua sobre los hombros, a un niño desnudo y terroso, como recién moldeado en barro. Así seguiría, meses, años enteros, hasta que por cualquier circunstancia imprevista lo llamaran de Maracay, cosa muy poco probable porque el general Gómez tenía una maravillosa memoria para olvidarse de la gente; o hasta que lo picara un mosquito envenenado y ¡adiós, coronel Cubillos!

26

Lo QUE no pasó nunca por la mente de Hermelinda, ni de ningún otro, fué que, a la hora de hallar el coronel Cubillos alguien en quien volcar el agresivo sedimento de sus odios, ese alguien habría de ser Pericote. El campante Pericote, con su cuatro y sus corridos, sus desfachatados chistes obscenos y sus ingenuas serenatas, jamás quiso verle a la vida el lado amargo, ni aun cuando la vida lo trató con ensañada dureza. Se le murieron de paludismo la madre y los dos hermanos, le pegó a él mismo una fiebre que lo dejó tembleque por mucho tiempo y, sin embargo, Pericote seguía cantando frente a aquellas ventanas arruinadas y mirando las piernas de las mujeres más de lo conveniente.

Justamente una mujer le trajo, sin querer, la desgracia. Porque Pericote tenía una mujercita, de nombre Petra Socorro, con quien vivía, no en una de las imponentes casas derrumbadas del centro de Ortiz, sino en un rancho de bahareque que se alzaba solitario en un descampado de las afueras. Petra Socorro había sido prostituta en El Sombrero y llegó a Ortiz, sin duda mal informada, con el propósito de ejercer su profesión. Bajó un mediodía cualquiera de un camión caminero, toda pintarrajeada y sonando pulseras de latón, haciéndose un lío con un racimo de naranjas y la petaca donde cargaba la ropa. Al cabo de una semana estaba viviendo con Pericote, en el rancho de bahareque, sin que nadie se enterase de cómo se conocieron ni de qué hablaron. Pero la verdad fué que Petra Socorro no volvió a embadurnarse la cara con coloretes estrafalarios, ni volteaba a ver a los hombres que pasaban frente a la casa. En cuanto a Pericote, seguía tocando el cuatro hasta medianoche, seguía dando serenatas, pero ya no se quedaba mirando a las mujeres con la impertinencia de antaño.

La desventura tuvo su origen en aquel instante aciago, cuando el coronel Cubillos pasó a caballo por el descampado y divisó a Petra Socorro pilando maíz a la puerta del rancho. La muchacha había recobrado su color y sus modales campesinos. Al pilar, alzaba y bajaba los brazos graciosamente y le temblaban los senos menudos bajo la tela del túnico y se le movían las caderas y las nalgas a un ritmo de baile primitivo y tosco. Una sortija de piedra barata, vidrio pintado en vez de piedra, único residuo de su antigua condición, le brillaba en un dedo moreno y regordete. El coronel Cubillos detuvo el caballo y ella detuvo el oficio. Se miraron un instante. Después Petra Socorro se pasó el dorso de la mano por la frente sudada, volvió a su sitio las greñas que le caían en tropel y prosiguió su faena sin desviar los ojos hacia el hombre a caballo que la observaba desde el tranquero.

—¿Quién es esa mujercita del rancho de bahareque? —preguntó Cubillos a Juan de Dios, ya de regreso en la Jefatura.

—Una putica de El Sombrero, coronel —respondió el policía—. Ahora vive con Pericote.

El coronel Cubillos fué a sentarse calmosamente en su silla de cuero, con el foete entre las piernas y la faja con revólver asomando por el liquiliqui entreabierto. Dió tiempo a que Juan de Dios desensillara el caballo y luego lo llamó para ordenarle:

—Anda a casa de la mujercita esa y dile que voy a pasar la noche con ella. Que me espere a las ocho.

Pero ya Petra Socorro no era la putica de El Sombrero sino la mujer de Pericote. Cuando Juan de Dios llegó con el recado del jefe civil, lo mandó pasar adelante muy respetuosa, muy asustada, y le contestó:

—Dígale al coronel que lo siento mucho, que se lo agradezco mucho, pero que yo tengo mi hombre.

No se atrevió a contarle lo sucedido a Pericote. ¿Para qué? Solamente lograría exponerlo a una imprudencia, él que tomaba tragos con cualquiera y hablaba hasta por los codos con el primero que se topaba. Además, aquello no iba a pasar de ahí, ella estaba segura, ¡Jesús del Gran Poder!

Pero el coronel Cubillos no se resignó. Volvió Juan de Dios a visitarla con un regalito, unas varas de tela floreada que Petra Socorro se negó a recibir, otra vez entre timideces y excusas. Y una semana más tarde, el sábado en la noche, mientras se oía a distancia la voz desgañitada de Pericote cantando un corrido en la bodega de Epifanio, irrumpió el jefe civil en persona en el rancho de bahareque.

—Vengo a pasar la noche contigo —dijo autoritariamente.

—Ya le mandé a decir con Juan de Dios, coronel,

que lo sentía mucho, que me daba mucha pena, que
no podía —respondió la muchacha casi llorando.
—¡No hables pendejadas! —insistió Cubillos aga-
rrándola de un brazo—. Ni vengas a echártelas de
mosquita muerta conmigo. ¡Vamos a quitarse la ropa!
Pero Petra Socorro, que ya no era la putica de
El Sombrero sino la mujer de Pericote, se zafó como
una lagartija de la mano que la oprimía, se escurrió
como la voz gris del humo por la puerta del rancho
y echó a correr hacia lo oscuro del monte, descalza
como estaba, saltando por encima de las tunas y los
peñascos.

27

Asomado a la plaza por una de las ventanas de la
Jefatura, sin volver el rostro, el coronel Cubillos dejó
caer estas palabras:
—¿Tú no crees, Juan de Dios, que ese Pericote
que anda cantando canciones a medianoche puede muy
bien ser un hombre peligroso, un enemigos del gobierno?
Juan de Dios estaba ahí, en el interior del salón
a pocos centímetros de un busto dorado del general
Gómez. Y no necesitaba más para comprender. Ni se
molestó en responder la pregunta de su jefe. Gruñó
una aquiescencia ininteligible y salió del recinto de la
Jefatura como una sombra. El coronel Cubillos, que
no lo sintió marchar, se absorbió definitivamente en
la contemplación de las trinitarias que se enredaban a
los samanes de la plaza.
En la tarde lo trajo preso. Pericote, que se había

sorprendido enormemente al escuchar la voz de arresto, agotó todas sus reservas de asombro cuando oyó decir a Juan de Dios, cuadrado militarmente frente al jefe civil:

—Aquí le traigo a este hombre, coronel, que se la pasa hablando mal del general Gómez.

—¿Quién? ¿Yo? —rezongó Pericote con voz de idiota.

—Sí, coronel —insistió Juan de Dios dirigiéndose a Cubillos y sin quebrantar la postura de "firme"—. Yo lo vengo vigilando desde hace tiempo.

—¡Mentira! ¡Todo eso es mentira! —gritó enfurecido Pericote, al comprender súbitamente el peligro que estaba corriendo. Y saltó sobre Juan de Dios con la intención de asirlo por la abotonadura del saco, de hacerle tragar las infames palabras.

Pero el coronel Cubillos se interpuso con el revólver en la mano:

—No le falte el respeto a la autoridad porque agrava su situación.

Y a Juan de Dios:

—Páselo al calabozo.

Pretendió protestar y debatirse de nuevo Pericote. Pero ya el secretario y el otro policía habían acudido a los gritos. Entre los cuatro lo metieron a empellones en el viejo calabozo olvidado, abandonado inclusive por las ratas, hediondo a tumba y a polvo de estiércol. El crujir del cerrojo oxidado ahogó sus voces:

—¡Mentira! ¡Todo es mentira! ¡Yo no he dicho nada!

La noticia se regó en pocos minutos por el pueblo, sin necesidad de que interviniera Hermelinda en difundirla. Más tarde se supo también que lo enviarían a Palenque, a la carretera. En todas las casas las mujeres murmuraban "¡pobrecito!" y los hombres se mordisqueaban las uñas. Tan sólo el padre Pernía se atrevió a visitar a Cubillos en la Jefatura.

—Ya me imagino a lo que viene, padre —lo recibió el coronel parándolo en seco—. Y le aconsejo que se devuelva. Tengo pruebas de que ese hombre estaba tramando algo contra el gobierno y usted se compromete, como sacerdote y como ciudadano, si se pone a defenderlo.

Y le dió la espalda, sin aceptar réplica.

En cambio, al señor Cartaya tuvo que oírlo. El viejo masón se coló en la Jefatura cuando menos lo esperaba Cubillos, renqueando y sin anunciarse, por una puerta del corral.

—Coronel Cubillos —comenzó sin saludar, tratando de evitar una reproducción de la frustrada gestión del cura—. He venido a hablarle de ese asunto de Pericote.

—Es inútil —respondió Cubillos cortante—. La acusación es muy grave y tenemos pruebas de que hablaba mal del general Gómez, y pruebas también de otras cosas peores.

—Pero usted sabe muy bien que eso es mentira —arguyó Cartaya sin inmutarse.

—¿Se atreve usted a desmentirme a mí? ¿Sabe usted a lo que se está exponiendo? ¿No será usted cómplice del preso? —rugió Cubillos amenazante, dando sobre la mesa puñetazos salvajes que levantaban nubes de polvo y hacían saltar las hojas de papel.

Pero Cartaya continuó en impasible voz baja:

—Yo tengo setenta y cinco años y me voy a morir de un momento a otro. Hasta mejor sería que me muriera ahora mismo. Y tanto usted como yo sabemos que ese pobre muchacho, Pericote, ni es político, ni se ha metido jamás con el gobierno.

—¡Salga inmediatamente de la Jefatura! —gritó Cubillos cárdeno de furia—. Y no lo mando preso a Palenque, junto con el otro vagabundo, porque usted está tan viejo y tan chorreado que es capaz de morirse en el camino.

No fué posible impedirlo. A la media luz de una madrugada seca, mientras cruzaban hacia el sur bandadas clamorosas de pájaros llaneros, metieron a Pericote en un camión que iba hacia Palenque. El vehículo había salido de Maracay, con su ración de presos, y se detuvo a la puerta de la Jefatura para incorporar al último del cupo. A Pericote lo sacaron de las tinieblas del calabozo, desgreñado y pálido, alucinado y hambriento. Ya no gastaba sus gritos en protestas inútiles. Juan de Dios y el otro policía lo subieron a la tarima del camión, alzándolo como un fardo.

—Adiós, Juan de Dios —fué lo único que dijo Pericote—. Que en la hora de la muerte te acuerdes de mí.

Arriba lo recibieron las risotadas de cuatro soldados y el gruñido de quince presos. En la acera de enfrente, con las uñas clavadas en los barrotes de madera de una ventana trunca, Petra Socorro, que ya no era la putica de El Sombrero sino la mujer de Pericote, lloraba desgarradoramente, como un animal golpeado.

CAPÍTULO X

ENTRADA Y SALIDA DE AGUAS

28

DE REPENTE comenzó a llover. Se tornaron grises los cielos azules, se escondió tras los grises el despiadado sol del Llano, se arremolinó en las bocacalles un viento en espirales de polvo y hojas secas. Y comenzó a llover sobre Ortiz, sobre Parapara, sobre El Sombrero, sobre las sabanas peladas, sobre la soledad y el llanto.

No siempre llovía igual, pero siempre llovía. A veces descendía una llovizna menudita, un polvillo ingrávido, polen de las estrellas, corpúsculos de nubes, que mojaba lentamente los techos, empapaba las calles y ponía brillos de pedrería en el verde lustroso de los cotoperíes. Otras veces caían goterones que golpeaban la tierra como salivazos, chasqueaban como látigos sobre las planchas de zinc, se esparcían sobre el polvo como monedas de agua. Y una y otra lluvia se transformaban al cabo en un mismo aguacero obstinado, turbio muro de plata, estero de pie, farallón de cristal, que convertía la mañana en tarde, la tarde en noche, la noche en oscuro corazón del río.

Carmen Rosa, prisionera inmóvil en su corredor de ladrillos, veía bajar toda el agua de los cielos. Las plantas del patio, que recibieron alegremente las primeras lluvias, sufrían ahora la furia asoladora del llover sin acabar. Se doblegaron mustias las cayenas, se desnudó de blanco el jazminero, se hundieron en la entraña del fango los capachos, se fugaron en busca de azul los arrendajos y los turpiales. Entre los charcos del jardín nacieron deformes sapos terrosos. Lenguas de ocre invadían los corredores, se deslizaban bajo los muebles y avanzaban hasta el zaguán para fundirse con lenguas de ocre idénticas que ascendían desde la calle inundada.

Llovía implacablemente sobre el Paya, agua del cielo integrándose al agua del río, anchando sus márgenes, engrosando su caudal. Ya el Paya no era una corriente escuálida y tranquila sino un torrentoso rugido de linfa y pantano que arrastraba esquifes verdes, árboles tronchados, el cadáver de un becerro, en su desatada cabellera de almagre.

Llovía con saña sobre las casas medio derruídas, sobre los techos carcomidos, sobre los muros sin asidero, sobre los dinteles sin puertas, sobre las tumbas desvalidas del viejo cementerio. Súbitamente, desleída por las lluvias, trocada en murallón de fango, se tambaleaba una pared para derrumbarse luego al embate del viento. Sobre un oscuro solar anegado se desplomó el segundo piso de una antigua casa abandonada, en la calle real. Quedó en pie la escalera, inválido camino de madera que ya no conducía a ninguna parte.

En una de esas noches lluviosas, atendiendo al llamado primordial del agua, se apagó el alma de don Casimiro Villena, el padre de Carmen Rosa. Murió silenciosamente, mientras dormía, y solamente llegaron a enterarse en la casa después del amanecer, cuando doña Carmelita entró al cuarto con el pocillo de café que le llevaba todas las mañanas. Se le había detenido el corazón a la luz de un relámpago, el estampido de un trueno, y conservaba en la región de la muerte el rostro tranquilo y apacible del sueño, la difusa inexpresión de su demencia.

Para doña Carmelita fué el derrumbamiento. Ella seguía considerando un ser vivo y presente a don Casimiro Villena, no obstante que su mente se había ausentado de este mundo hacía tantos años. Desde el instante en que lo encontró muerto hasta muchas horas más tarde, que después serían días enteros, se sentó a llorarlo humildemente en una mecedora de esterilla, mientras pasaba maquinalmente entre los dedos cuentas de un rosario y repetía como autómata palabras latinas cuyo sentido no penetraba: "Agnus Dei qui tolis pecata mundi, parcenobus Dómine...".

Estaban solas en la casa, las dos mujeres y la lluvia, con el cadáver de don Casimiro. Carmen Rosa se lanzó a la calle con la cabeza descubierta, abriéndose paso entre cortinas de agua. Llegó a la casa parroquial vuelta un guiñapo, las greñas pegadas al rostro, dejando en los ladrillos del zaguán un rastro de pantano, goteante y jadeante como si acabase de cruzar a nado el río crecido.

—Muchacha, ¿qué te pasa? —gritó el padre Pernía saltando de su viejo y duro sillón de madera.

—Papá amaneció muerto —dijo simplemente Carmen Rosa.

Y le tocó al cura salir con ella a desafiar el aguacero. Fueron en busca de Pascual, el carpintero, para encargar la urna y regresaron a la casa, metiéndose de frente a los charcos sin saltarlos, a rezar las oraciones. Ya estaba ahí Olegario contemplando el cadáver con los brazos cruzados sobre el pecho. Aquel hombre que yacía ahora, definitivamente quieto, lo había arrancado de la choza donde comía tierra y lo picaban bichos extraños, para traerlo a vivir consigo y enseñarlo a trabajar. Parado ante la cama del muerto, empapado por el aguacero, Olegario reconstruía mentalmente esa historia tan lejana de su infancia. Por el rostro curtido le corrían gotas de lluvia y llanto.

Por la tarde fué el entierro. Seguía lloviendo reciamente como en la noche anterior. Y se sabía que seguiría lloviendo al mismo ritmo durante mucho tiempo porque el cielo era una gran nube pizarra sin una sola grieta azul. No estaba Sebastián en Ortiz, ni pasó por la carretera, ¡quién iba a pasar bajo aquel diluvio!, un ser humano a caballo o en vehículo que quisiera llevarle la noticia a Parapara. El padre Pernía asumió íntegramente la difícil tarea de dar sepultura al cadáver bajo un cielo volcado en el furor del agua, en un suelo convertido en espeso barrizal.

Al principio no había quien cargara la urna. La noticia de la muerte de don Casimiro tardó en atravesar la tempestad. El primero en llegar fué Panchito, con Marta deshecha en lágrimas, ambos chorreando agua, con las huellas de fango más arriba de los tobillos. Luego se acercaron cuatro o cinco hombres del vecindario. Pero la urna pesaba más bajo aquel diluvio indeclinable, sobre aquella tierra pegajosa. El propio padre Pernía, tuvo que meter el hombro en la cuesta que conducía al portal del cementerio, con la sotana arremangada y sujeta a la cintura por la correa del pantalón.

Lo enterraron de prisa en la entraña del lodazal y volvieron todos a las casas destilando pantano, con los pies deformados por las pelladas gredosas, ya habituadas las espaldas caladas al repiqueteo de los goterones que seguían cayendo. Habían entregado para siempre al agua turbia de los charcos, al corazón plomizo de las nubes, al llanto diagonal de la lluvia, la sombra vaga que restaba de don Casimiro Villena.

29

FUERON días, noches, semanas de lluvia. Cuando escampaba, el río intentaba regresar lentamente a su lecho y dejaba un rosario de charcas a ambos lados. Se estancaba el agua en los barrancos, en los altibajos de la sabana, en los corrales de las casas. Los nuevos aguaceros salpicaban sobre esas pupilas de aguas tranquilas y tejían una huella como de pájaro invisible que pasase sin posarse.

Al cristal fangoso de los charcos, al limo verdoso de los pozos, al caldo sucio y, más aún, a la linfa clara, siempre que estuviese quieta la superficie, llegaban los mosquitos. Venían de todas partes, del norte y del sur, del este y del oeste, a vivir su breve vida de veinte días, a nutrirse, a reproducirse y a morir en aquel anegado recodo de tierra llanera.

Sobre una hoja inmóvil, detenida en mitad del agua muerta, se paraba una brizna imperceptible provista de alas y de vida. Era una hembra que venía a poner sus huevos. Los huevitos caían por centenares, hermanados en una cinta finísima, y se esparcían luego sostenidos a flor de charca por flotadores microscópicos. Nutriéndose de substancias misteriosas de la naturaleza, o de despojos de insectos muertos, o comiéndose a la propia madre, se desarrollaban las larvas que de las cáscaras de los huevos surgían. Las lavas eran largos gusanitos de anillos peludos que en su madurez se enroscaban en negros signos de interrogación antes de transformarse en mosquitos recién nacidos. Entonces, ya briznas con alas y vida, abandonaban el agua de la poza en la curva del primer vuelo, los machos hacia los árboles en demanda de jugos vegetales, las hembras hacia las casas en busca de sangre humana.

En el rincón más oscuro de los ranchos, nacidos con el instinto alevoso de ocultarse para el asalto, voraces filamentos alados, las hembras acechaban al hombre, a la mujer y al niño. Avidas agujas de la noche, caían sobre los cuerpos dormidos, clavaban los empuntados estiletes y sorbían la primera ración de sangre. El silencio se cruzaba de agudos zumbidos y una pequeña voz gimoteaba en el catre:

—¡Mamá, que me pica la plaga!

Se hundía el aguijón aquí y allá, una y mil veces, en la piel del niño sano y del niño enfermo, en la choza del hombre sano y del hombre palúdico. La sangre contaminada irrumpía en el organismo del insecto, estallaba en flameantes rebenques, copulaban hasta fusionarse las células machos y hembras, se enquistaban en las paredes del diminuto estómago y se rompían luego en menudos globos estriados que se esparcían por el pequeño cuerpo y se estancaban en el pocito mínimo de la saliva.

Cumplido proceso tan complicado en tan exiguo espacio, volvía una y otra vez el mosquito en busca del hombre, de la mujer, del niño, pero llevaba entonces la trompa envenenada. Sepultaba con el espolón las células malignas que se diseminaban carne adentro, se albergaban en una víscera e irrumpían finalmente en la sangre humana. En el torrente de la sangre cada núcleo se estrellaba en cien núcleos, en cien protoplasmas cada protoplasma y todos a un tiempo se nutrían de rojas substancias vitales, segregaban pigmentos que eran gérmenes de fiebre y hacían arder el cuerpo entero en la llama estremecida del paludismo.

30

CELESTINO, que bien pudiera ser Diego o José del Carmen, se sintió invadido en pleno trabajo por pastosas oleadas de pereza, de lasitud, de abandono, sacudido por breves latigazos de frío.

—Tengo el cuerpo cortado —dijo y caminó hacia la sombra.

Pero Celestino, que bien pudiera ser Diego o José del Carmen, sabía que ya venía a su encuentro el ramalazo de un acceso palúdico y se dispuso a recibirlo. Acurrucado sobre los hilos del chinchorro sintió llegar a su piel, a la pulpa de su carne, a la raíz de sus cabellos, a la masa blanca de sus huesos, un frío que iba creciendo como un río y haciéndose más hondo como una puñalada. Se estremeció el chinchorro bajo el temblor de sus miembros y el entrechocar de sus dientes. Arrebujado en la cobija, en la sábana, en el mantel, en lo que topó a mano para cubrirse, Celestino era un espectro pálido, sacudido por trémolos furiosos de hielo y de angustia.

El frío se extinguió al rato. En su lugar surgieron aletazos de calor cada vez más intensos, cada vez más frecuentes, cada vez más febriles. Celestino se despojó de la cobija, de la sábana, de los trapos todos que lo cubrían y comenzó a arder como una lámpara, encendido el rostro como la flor de la cayena, de arcilla los labios resecos, de espejo brillante las pupilas dilatadas. Breves globitos de sudor, que se hicieron poco a poco más amplios hasta unirse los unos y los otros en un solo sudor total, cubrieron la frente, las manos, el cuerpo entero de Celestino. Era un sudor a raudales que traspasaba las ropas, diseñaba manchones en el tejido del chinchorro y goteaba en el suelo como el rocío.

Después descendió la fiebre y Celestino experimentó una extraña, inesperada sensación de ternura, un injustificado bienestar de sentirse liviano y con vida, no obstante que le dolían los músculos de la espalda, las coyunturas de los brazos, los huesos de la cabeza.

También, lentamente, desaparecieron los dolores. Y Celestino, que bien pudiera ser Diego o José del Carmen, se alzó del chinchorro y caminando en silencio, con la frente baja y los ojos cansados, volvió al trabajo que había dejado abandonado cuatro horas antes.

31

La salida de aguas arrojó sobre Ortiz y sobre Parapara, sobre todos los caseríos contiguos, una implacable marea de fiebre y muerte que amenazó con borrar para siempre el rastro de aquellos pueblos.

—¡Qué perniciosa tan terrible! —decía el señor Cartaya—. Si no fuera porque aquí no queda gente, sería la más mortífera que hubiera visto Ortiz en toda su historia. Pero es que ya no encuentra a quien matar...

Encontraba a quien matar. Hombres ya enflaquecidos por el paludismo crónico, ya sepultados en un fatalismo indefenso, recibían en el cuero apergaminado el alfilerazo mortal del mosquito que escupía la perniciosa. Esta no era la fiebre que bajaba a las pocas horas sino un continuo arder, día y noche, entre contorsiones y delirios .

—¡Es la económica! —sollozaba una mujer aterrada al borde de un chinchorro.

Era, en efecto, "la económica", la que mataba en menos de cuatro días, sin dar tiempo a gastar en quinina, ni en curanderos, ni en médico, que tampoco había ya por esos lados.

Nada podían hacer Cartaya, ni el padre Pernía, ni Carmen Rosa, ni la señorita Berenice, ni Sebastián cuando estaba presente en Ortiz, frente al coro de alucinaciones y estertores, frente a los cuerpos que se consumían como leños en la penumbra de los ranchos.

—Entren para que lo vean. ¡Se va a carbonizar, Dios mío!

Al entrar hallaban a un hombre, o a una mujer, o a un niño, un rostro iluminado por el rosetón infernal de la fiebre, un pecho respirando a duras penas, unos ojos semicerrados como si eludieran el resplandor ausente del sol.

—¡Es la económica! —asentía amargamente el señor Cartaya.

Y morían. Morían en la zona confusa que sucedía al delirio, entre desacoplados estremecimientos y un impotente, desesperado afán de atrapar un trago de aire que ya no llegaba a los pulmones.

Se fueron muchos de los pocos que quedaban vivos, inclusive Epifanio, el de la bodega. Epifanio se vanagloriaba a menudo:

—A mí nunca me ha pegado el paludismo. Ni me pega ya.
—Mi sangre le hace daño a los mosquitos.
—La plaga pasa de lejos sin saludarme.

Y así parecía realmente. Desaparecieron varias generaciones de orticeños, llegaron y se marcharon bandadas y bandadas de insectos, entraron y salieron sesenta veces las lluvias, y Epifanio seguía en pie con sus sesenta años lozanos, barrigón y refunfuñante, despachando papeletas de quinina y velas de a medio en la bodega o tocando el arpa el día de Santa Rosa. No conocía más enfermedad que un dolor de cabeza que lo tumbaba de cuando en cuando y que él llamaba "la jaqueca", para presumir de refinado.

Un día cayó Epifanio. El cura Pernía acudió a su llamado y lo encontró tumbado en la trastienda de la bodega, inmóvil sobre la tela tensa del catre, entre ristras de cebollas que colgaban del techo y el arpa que callaba agazapada en un rincón.

—Me fuñí, padre. Es la fiebre fría —masculló sombríamente.

Pernía puso su mano sobre la frente de mármol. Dentro del rostro pálido resaltaba el tinte violeta de los labios y atisbaban los ojos, los ojos taladrantes, acorralados, como pugnando por escapar de aquel incendiado navío de hielo.

—Es la fiebre fría, padre. Yo la conozco porque vi morirse con ella a la comadre Jacinta, a Encarnación Rodríguez, al sargento Romero. Y ahora me toca a mí.

Las palabras eran un soplo glacial, brisa de sierra, aire de ventisquero que batía sobre el dorso de la mano del cura. Epifanio soportaba el peso de las vigas del techo sobre las costillas y percibía la llegada de la muerte con certeros pasos de nieve.

Cuando aparecieron los otros, Epifanio había enmudecido. La hoguera fría en que se consumía le había quemado el don de la palabra, le había entumecido el movimiento de las manos. Apenas los ojos taladrantes seguían mirando a los que entraban, al perfil familiar del arpa, al caliente lustre de sol que se tendía inútil, inaccesible, sobre los ladrillos del aposento. Y al cabo, en brusca extinsión, como se apagan las llamitas de las velas, se apagó también la mirada y un frío inexorable, esta vez el de la muerte, se extendió sobre el cuerpo de Epifanio.

Los hombres, sombras escuálidas, rostros cetrinos, pómulos aguzados, desfilaron frente al cadáver de Epifanio arrastrando los pasos con desesperanza de condenados a muerte. "Hoy Epifanio, mañana tú, luego yo, después el otro, todos somos apenas sangre caliente para la baba del mosquito que lleva la fiebre perniciosa en el espolón".

—Nos estamos quedando solos —dijo melancólicamente el padre Pernía.

—¡Dios mío, haz un milagro! —gimió la señorita Berenice.

—Mándanos, al menos, un médico —gruñó el señor Cartaya.

CAPÍTULO XI

HEMATURIA

32

No volvió a llover. Ahora era sol y sequedad, sol y sudor, sol y sabana, sol y silencio. El caballo de Sebastián, no su viejo caballo alazano de cola rubia y estrella en la frente, sino un rucio prestado y mañoso, hacía de mala gana el camino de Parapara a Ortiz, la última vez que Sebastián cruzó sus andurriales habituales, un domingo caliente y blanco. El rucio se espantaba ante la huída verde de las lagartijas y ante el grito del aguaitecaminos. El jinete lo sujetaba con mano dura y lo increpaba en la soledad del monte:

—¡Rucio cobarde!

El día comenzó a entibiarse más temprano que de costumbre y Sebastián apuró el caballo para amenguar la dosis de sol llanero que estaba destinada a su cabeza. El sudor le mojaba la franela, le corría en goticas por entre los pelos del pecho y de las axilas.

En aquel trayecto, más cuando iba de Parapara a Ortiz que cuando regresaba, le era grato soltar la imaginación y tejer una historia fantástica que de tanto forjarla y precisar sus detalles ya le parecía haberla vivido realmente y ello le causaba un pueril deleite porque en realidad la historia valía la pena de ser vivida. Eso sucedía cuando no pensaba en Carmen Rosa. Porque cuando iba pensando en Carmen Rosa —los ojos de Carmen Rosa, la boca de Carmen Rosa, la voz de Carmen Rosa, el cuerpo de Carmen Rosa—, le colmaban de tal manera la mente y los sentidos, que aún no había comenzado a reconstruir su apasionante leyenda cuando ya aparecían ante su vista las siluetas de las primeras casas derrumbadas de Ortiz.

Su fantasía era hazañosa y justiciera. Sebastián no se detenía en Ortiz sino continuaba de largo hasta El Sombrero, hasta Valle de la Pascua. Su voz iba levantando hombres de a caballo, en los ranchos, en los hatos, en los caseríos, en las ciudades. A su lado marchaban en caballos blancos, negros, alazanos, ruanos, moros, zainos, mosqueados, castaños, canelos, caretos, estrellados, patiblancos, en mulas claras y prietas, en burros trotones, a pie. Llevaban fusiles, máuseres, carabinas, pistolas, revólveres, chopos viejos, escopetas de caza, lanzas, machetes, puñales, hojas de bayoneta, banderas. Pasaban, con Sebastián al frente, cantando por las sabanas y asaltaban las ciudades dando vivas la justicia. Las huestes crecían, liberaban presos, fusilaban verdugos y marchaban hacia el centro por las trochas de Boves y Páez, de Monagas y Crespo. Sebastián imaginaba minuciosamente las batallas, escuchaba el estruendo de los disparos, los quejidos de los heridos, los alaridos de triunfo, el cobre de la corneta tocando a paso de vencedores. Por las abras de los valles de Aragua bajaba el huracán de llaneros, en pos del alazano de Sebastián, entre vítores de un pueblo libre y enardecido.

En ese punto la historia se tornaba imprecisa, vacilante. ¿Qué iba a hacer después? Sobre los campos de batalla sería necesario levantar un edificio, una república, un gobierno decente. Sebastián no se sentía con fuerzas, ni en sus momentos de mayor confianza en sí mismo, para emprender tamaña proeza. Comenzaba a titubear al frente de sus batallones victoriosos. Tal vez la mejor solución fuese la de llamar a los estudiantes, a aquellos dieciséis que pasaron por Ortiz en un autobús amarillo, y confiarles la misión que él no era capaz de cumplir. Sí, era justamente eso lo que haría. Después regresaría solo a Parapara, en su caballo de estrella en la frente, recibiendo bendiciones de ancianas llorosas, adioses en pañuelos blancos de las muchachas de las ventanas, y escuchando a los hombres del Llano decir con varonil orgullo al verlo pasar: "¡Ahí va Sebastián!"

El rucio atravesaba una breve y escuálida selva de árboles ariscos y Sebastián aminoró el paso de la cabalgadura para disfrutar algunos minutos de desflecada sombra. El sudor de la franela se había secado lentamente. El hombre se despojó del sombrero para recibir un aliento de brisa cálida que apenas movía las hojas de los cujíes.

Más allá, después del talud arenoso, después del rimero de pascuas moradas, después del araguaney florecido, estaba Ortiz, estaba Carmen Rosa esperándolo.

Pero Sebastián ya no era el mismo que echó pierna al rucio en Parapara. Le dolía en punzada la cintura, como después de haber realizado un esfuerzo físico superior a su resistencia. Violentos escalofríos le sacudían las vértebras.

Descendió en el caserón de Cartaya, metiendo el caballo por el zaguán hasta el patio, quitándose el sombrero para no tropezar con las vigas del corredor, y contrajo el gesto en una mueca dolorosa al caer en tierra. Sentía una daga de afilada piedra clavada en los riñones.

—Vengo con calentura —dijo a Cartaya—. Avísele a Carmen Rosa y déme quinina.

Advertía el subir de la fiebre en sus venas, el desbocarse del pulso, el secarse de los labios. Los huesos del cráneo le pesaban como lingotes.

—Métete en el chinchorro y arrópate bien que el frío que se te viene encima no es para gente —le aconsejó el viejo Cartaya.

Se tendió en el chinchorro y se dispuso estoicamente a recibir la acometida del acceso palúdico. Pero la quinina, lejos de mejorarlo como en anteriores ocasiones, agravó sus males. Se le descuadernaba la quijada en el castañeteo de los dientes. El dolor de la cabeza remontaba en una escala enloquecedora. Sebastián se arqueó al borde del chinchorro y se volcó en un vómito amargo y turbio. Tenía el rostro amarillo como el corazón del huevo, como las flores silvestres de la sabana.

El señor Cartaya acudió de nuevo a su lado.

—Pásate al catre, muchacho —dijo.

Y, mientras lo ayudaba penosamente a trasladarse, el viejo estaba pálido de espanto.

33

Cuando llegó Carmen Rosa, ya no sólo Cartaya sino también el propio Sebastián sabían cabalmente de qué se trataba. No les quedó a ninguno de los dos la menor duda cuando el enfermo virtió en el peltre blanco de la bacinilla un líquido rosado, color de la pulpa del cundeamor, color de la carne del novillo. Sebastián se quedó mirando fijamente la orina rosa y exclamó con atónito, atormentado acento:

—¡Hematuria!

Luego el rosado de las aguas se fué volviendo cereza, el cereza encarnado, el encarnado lacre, el lacre escarlata, el escarlata carmesí, el carmesí bermellón, el bermellón ladrillo, el ladrillo granate, el granate púrpura.

Carmen Rosa surgió en el boquete de la puerta y corrió desalada hasta la orilla del catre.

—¿Qué te pasa, mi amor?

—Es la hematuria —respondió Sebastián calmosamente—. O se aclara la orina o se tranca la orina. Y si se tranca la orina, te quedaste sin novio.

Aquello fué la primera tarde. Sebastián habló largo rato, con una mano de Carmen Rosa entre las suyas, y le dijo que después de meditarlo mucho en su casa solitaria de Parapara había resuelto casarse para la Navidad, que le traía esa sorpresa. Pero ahora estaba ahí, tendido con la hematuria, y se hacía más oscura la orina, más insufrible el malestar, más estallante la cabeza.

—Nos íbamos a casar en diciembre y te iba a vestir de reina como en los cuentos, a llevarte cargada en mis brazos como una ternerita y a meterte las manos en la blusa como aquella noche que tú no quisiste, al pie del cotoperí.

—Nos vamos a casar en diciembre —replicó Carmen Rosa subrayando las palabras—. Tú te levantarás muy pronto de ese catre y yo me de dejaré meter la mano en la blusa cuando tú quieras.

Pero Sebastián repetía con despiadada convicción:

—Si se aclara la orina me levanto. Pero si se tranca la orina, te quedas sin novio.

Después subió la fiebre y Sebastián se adormeció, semicerrados los pesados párpados sobre las córneas enrojecidas. Carmen Rosa sacudió en rebeldía la cabeza, a punto de ser vencida en su lucha porfiada contra el llanto. Había sentido en la mejilla el hilillo caliente de una lágrima, la sal de otra lágrima en la boca.

Al anochecer entró el padre Pernía, portador de una lámpara de largo tuvo y abombado vientre cristalino que Carmen Rosa había visto encendida muchas veces en el altar de la Virgen del Carmen. El cura la colocó sobre la mesa, alargó la mecha hasta convertir en lengua de luz la pequeña gota amarilla que traía y vino a sentarse, silencioso y hosco, junto a la mujer en pena.

.. La fiebre seguía subiendo, aflorando en lampos colorados sobre la frente y sobre los pómulos de Sebastián. La lengua densa comenzó a modular incoherencias entre los labios resecos:

—Pásame mi escopeta que lo voy a matar. Ése es el tigre de la pinta menudita que se come los perros y espanta a los cazadores. Dénme mi escopeta.

Sebastián andaba por una selva de árboles torcidos, abriéndose paso entre bejucos espinosos que se movían como culebras, chapoteando en aguas verdes de malignos reflejos violáceos. Olfatetaba el olor, escuchaba el rugido, vislumbraba en la espesura la siluetat del tigre de la pinta menudita.

—Dénme la escopeta ligero que lo tengo muy cerca, que se viene acercando más, que se está agachando para saltar.

Pero no era solamente el tigre de la pinta menudita. Bajo sus pies, estremeciendo las aguas verdosas, eran caimanes los que creyó troncos de árboles y tenían ojos y lenguas de culebra los bejucos que se movían como culebras. Los árboles todos se tambaleaban amenazantes como descomunales bestias verdes y apenas el brillo de un lucero, parpadeando en un cielo infinitamente lejano, lo protegía de tan espantables enemigos. Era la mano de Carmen Rosa, el beso de Carmen Rosa sobre su frente calcinada.

Retornó del delirio y permaneció largo rato jadeante por el esfuerzo, sudoroso por la fatiga. Mas la fiebre seguía quemándole la sangre y de nuevo se oyó su voz extraviada:

—No toques el arpa, Epifanio, que me duele la cabeza. Cuéntame cómo es aquello, Epifanio, pero sin levantar la voz.

Ahora andaba por el mundo de los muertos y conversaba con Epifanio, el de la bodega. El mundo de los muertos era una sabana gris, un horizonte yermo, un espacio sin luz ni sombra, por donde caminaba Epifanio con el arpa a cuestas como un Nazareno.

—Mejor es que toques el arpa, Epifanio, para que no te pese tanto. Y cuéntame por qué te han dejado solo.

Pero no estaba solo Epifanio. De la corteza gris de la llanura surgían, como el cogollo del maíz, cabezas pálidas, cuerpos enclenques, manos de esperma, piernas llagadas, pies hinchados de niguas. Los que había matado la perniciosa en Ortiz y en Parapara, los soldados asesinados en el presidio, don Casimiro Villena e infinidad de muertos desconocidos transformaban el peladero en tupido morichal y gritaban palabras que Sebastián no lograba entender.

—Hablen más fuerte que no oigo, que no sé lo que dicen, que necesito saber lo que dicen, que me voy a morir como ustedes si no comprendo lo que dicen.

Y así un día y otro día, una noche y otra noche. Sebastián se contorsionaba en amargos vómitos cetrinos, contemplaba con aterrado fatalismo la mancha cada vez más sombría sobre el peltre de la bacinilla, sonreía cuando Carmen Rosa estaba presente para que ella no le adivinara el frío que le entumía el alma, caía en la atmósfera algodonosa del sopor, crepitaba en la fogata de la fiebre, se escapaba a la región alucinada del delirio.

—¡Adentro, muchachos! ¡Viva la libertad! ¡Viva Sebastián Acosta, el León de Parapara!

A su lado peleaban hombres de todos los rincones del Llano, montados en caballos de todas las pintas, empuñando todas las armas de la tierra. Su compadre Feliciano mandaba un escuadrón de lanceros que embestía contra las trincheras del gobierno y reculaba un instante, con las lanzas floreadas de sangre enemiga, para volver a embestir en ventarrón de polvo, sudor y gritos.

—¡Abajo Gómez, muchachos! ¡Viva la revolución! ¡Que toque la corneta! ¡Que toque paso de vencedores! ¡Que Sebastián Acosta está entrando en La Villa!

En las calles de La Villa era preciso hacer saltar los caballos para no pisar los cadáveres uniformados. Aquel de bruces sobre la acera, con un tiro feo en la nuca y un caño de sangre oscura que borbotaba como un manantial, era el coronel Cubillos.

El púrpura de la orina se fué tornando en vino, el vino en castaño, el castaño en pardo, el pardo en marrón, el marrón en café tinto, el café tinto en málaga, el málaga en negro.

34

AL CUARTO día se negó la orina. La mirada anhelante buscaba vanamente en el peltre blanco un rastro de cualquier color. Los ojos acerados del padre Pernía, las pupilas cansadas del señor Cartaya, también se aferraban al círculo blanco donde estaba escrita una sentencia inapelable. Sebastián lo comprendía perfectamente. Así se había extinguido su compadre Eleuterio, en Parapara, seis meses antes.

Después que se secaba el manadero negro, sólo restaba acostarse de espaldas y esperar la muerte mirando las vigas del techo.

Cartaya y Pernía enmudecían impotentes. Darle quinina era agravarlo, ya lo sabían. La señorita Berenice trajo una jarra de cocimiento de guamacho. El curandero recetó riñón de cochino disuelto en agua caliente. Pero la orina no volvió. Las pupilas envenenadas de Sebastián se habían reducido a un punto negro, diminuto y fijo, como los ojos de los canarios.

Se estaba muriendo, sí, pasó dos días con sus noches muriéndose, pero no perdía la conciencia del trance, no dejaba de ser Sebastián Acosta sino cuando escapaba hacia la bruma enloquecida del delirio. Por el contrario, calculaba los pasos de la muerte con una precisión despiadada. Ya estaba en las calles de Ortiz esperándolo. Vino en su busca desde los túmulos abandonados del viejo cementerio. Estaría sentada ahora en los bancos de la plaza, soportando por culpa suya el arañazo del sol en los huesos desnudos. Del campanario de la iglesia volaría espantada una lechuza de cara chata. El próximo domingo, quizá el lunes, sería su entierro. Carmen Rosa lo lloraría mucho tiempo y cortaría cayenas y flores de capacho para su tumba.

—Yo no me quiero morir a los veinticinco años, ¡carajo!

Estaba solo con el padre Pernía y dirigía a él las palabras destempladas, desafiantes, como si el cura tuviese la culpa de cuanto estaba sucediendo. Pero el padre Perdía respondió humildemente, con los ojos aguados:

—Tienes razón, hijo, tienes razón.

El moribundo cerraba los ojos y veía mosquitos brillantes titilando sobre un diminuto cielo oscuro. Y no vió nada más. Se desplomó en una larga postración insondable, onnubilado, casi ciego. Apenas las manos se movían, esbozaban gestos, se abrían en una diástole temblorosa.

De esas manos no separó Carmen Rosa la mirada en las últimas horas. En ellas se había refugiado la vida de Sebastián como en un reducto postrero, como en un empeño desesperado por no apagarse. ¿Y si esa pequeña vida triunfaba en batalla desigual y heroica, reconquistaba el cuerpo vencido, echaba a andar de nuevo el recio corazón y devolvía la luz a los valientes ojos negros?

—Ya está agarrando las sábanas —dijo desconsoladamente a su espalda la señorita Berenice.

Las manos de Sebastián, cual las de un ciego, tanteaban tembleuqeantes los bordes de la sábana, tamborileaban con dos dedos sobre la costura blanca. Después de aquello, bien lo sabía la señorita Berenice, se escucharía el áspero estertor de la muerte.

El padre Pernía bendijo el cadáver y le cubrió la faz amarilla. Carmen Rosa rompió a llorar sin trabas, refugiada la frente entre las manos, curvada sobre la mesa donde la lámpara de la Virgen del Carmen consumía sus últimas gotas de querosén. Así se mantuvo horas enteras, estremecida por los sollozos, sin mirar a la gente que entraba y salía del aposento, a merced de la fluencia de las lágrimas tanto tiempo cautivas.

Sólo levantó el rostro cuando en la torre de la iglesia comenzaron a doblar las campanas.

CAPÍTULO XII
CASAS MUERTAS

36

Por la frente de Carmen Rosa, como por el caudal del Paya cuando los aguaceros lo transformaban en torrentoso rugido de linfa y pantano, surcaban gabarras fugitivas: rostros y palabras, sonidos y aromas, tiernas ramas tronchadas, el perfil indeleble de Sebastián. Ortiz había sido la capital del Guárico, la rosa de los Llanos, con hermosas casas enteras de dos pisos y fuegos artificiales que se desgajaban en estrellas verdes y rojas sobre la procesión de Santa Rosa. Su padre, don Casimiro Villena, la llevaba de la mano a ver bailar a Maruka, una osa triste que saltaba torpemente al son de la pandereta de un italiano vagabundo. Estaba sentada en un banco de la escuela de la señorita Berenice y oía cantar a un arrendajo entre las hojas del guayabo y a la maestra, pálida flor de tiza, decir: "Bolívar se casó, antes de cumplir 18 años, con María Teresa Rodríguez del Toro". Cuatro hombres zafios, de pantalones arremangados hasta la rodilla, hediondos a aguardiente, arrancaban las puertas de una desvalida casa sin dueño y dejaban apenas un boquete por donde se miraban desde la calle los verdes del patio abandonado. A la sombra de los airosos túmulos blancos del viejo cementerio lloraba Martica cuando le mostraron una calavera. El arcángel de la espada llameante se escapaba del Purgatorio para besarla en la boca mientras dormía. No, no era el arcángel, era Sebastián quien la besaba al pie del cotoperí, quien la apretaba contra su pecho, quien le ponía a latir el corazón locamente, como el corazón de los conejos. Por las calles desoladas de Ortiz pasaban, en un autobús amarillento, dieciséis estudiantes presos. Sebastián estaba ahí, con el mechón sobre la frente ofreciendo a un estudiante negro su sombrero pelo de guama y diciendo: "Hay que hacer algo". Llovía de día y de noche sobre las ruinas, sobre los techos carcomidos y se desplomaban las paredes en el fango. Sebastián estaba de nuevo ahí, tendido en la cama del señor Cartaya, esculpido en la piedra más fría, dibujado en amarillo y silencio, en amarillo y muerte...

De vuelta del entierro de Sebastián, refugiada en el corredor de ladrillos, Carmen Rosa miraba entre lágrimas hacia las matas del patio, escuchaba trajinar a doña Carmelita en la tienda, advertía imprecisamente la presencia de Olegario que venía desde el río con el burro y murmuraba con el sombrero entre las manos:

—Buenas tardes, niña Carmen Rosa. La acompaño en su sentimiento.

Sonaron las campanas del atardecer y madre e hija recitaron la oración del ángelus. Bajaban bandadas de sombra a posarse sobre la armazón rota de la casa vecina. Doña Carmelita volvió a la tienda en busca de una lámpara. Olegario permanecía parado junto al pretil, borrándose lentamente en el flujo de penumbra, con el sombrero de cogollo entre las manos.

—Este pueblo se nos va a caer encima, Olegario —dijo Carmen Rosa tras el largo silencio.

—Si, niña —respondió Olegario—. Se nos va a caer encima.

—Aunque ya no queda gente a quien caerle encima, Olegario. Si se murió Sebastián que era el más fuerte, ¿qué nos espera a nosotros, a ti, a mí, a los cuatro fantasmas que andan todavía por la calle?

—Sí, niña. Nos vamos a morir todos.

—Y cuando se acaba un pueblo, Olegario, ¿no nace otro distinto, en otra parte? Así pasa con la gente, con los animales, con las matas.

—Y también con los pueblos, niña. He oído decir a los camioneros que, mientras Ortiz se acaba, mientras Parapara se acaba, en otros sitios están fundando pueblos.

—¿En dónde?

—Yo no sé, niña. Pero he visto pasar gente en camiones. Dicen que hay petróleo en Oriente, que al lado del petróleo nacen caseríos.

—¿Y a ti nunca se te ha ocurrido irte con ellos, salir huyendo de estas ruinas, ayudar a fundar un pueblo?

—¿Para qué, niña? Ya yo estoy viejo. Además, no me puedo separar de ustedes. Don Casimiro, que en paz descanse, no me dijo nada antes de morirse porque se había quedado sin luz en la cabeza. Pero si hubiera podido decirme algo, me habría dicho eso, yo estoy seguro, niña, que no las dejara solas...

—¿Y cómo se funda un pueblo, Olegario?

—Yo qué sé, niña.

—Debe ser maravilloso, Olegario. Ir levantando la casa con las propias manos en medio de una sabana donde solamente hay tres casas más, que mañana serán cinco, pasado mañana diez y después un pueblo entero. Mucho más maravilloso que sembrar las matas de un jardín.

—Sí, niña, así debe ser.

—No como esto, Olegario, de ver caerse todo. Cada

día una casa menos, un techo más en el suelo. ¿Queda muy lejos el petróleo, Olegario?

—Yo no sé, niña. Es más allá de Valle de la Pascua, más allá de Tucupido, más allá de Zaraza. En Anzoátegui, en Monagas, qué sé yo...

—¿Y cómo es la gente que pasa en los camiones?

—De todas clases, niña. Van conuqueros que se quedaron sin conuco y hombres con grasa de mecánicos. Pero pasan también otros con caras de bandoleros y a veces mujeres...

—¿Mujeres?

—Sí, niña, pero mujeres malas, pintadas como disfraces, diciendo malas palabras y cantando canciones sucias.

—¿Todas las mujeres que pasan son mujeres malas?

—¡Qué sé yo, niña! Al menos las que yo he visto.

—A mí me gustaría ir a fundar un pueblo de esos.

—¿Usted, niña? ¡Ave María Purísima!

—¿Y por qué no, Olegario? ¿Te parece mejor quedarnos aquí, a esperar que el techo nos caiga encima, que nos nazca una llaga horrible en una pierna, que nos lleve la perniciosa?

—Pero es que usted no sabe lo que está diciendo, niña. Aquello es para hombres bragados y mujeres malas.

—Mentira, Olegario. Aquello es también para la gente que no se quiere morir. ¿Tú te irías con nosotras?

—Tranquilícese, niña. Usted no sabe lo que está diciendo. Lleva una semana sin dormir, una semana llorando, no sabe lo que está diciendo...

—¿Tú te irías con nosotras, Olegario?

—Yo me iría con ustedes aunque ustedes no me quisieran llevar. Pero eso no pasará, niña. Entre la gente de los camiones van también ladrones y criminales. ¡Figúrese usted!

Regresó doña Carmelita, añadida a la luz triste de la lámpara. Carmen Rosa había hablado demasiado después de tantas horas de llanto silencioso. Olegario se movió en la sombra, preocupado. Dejó caer con fuerza la mano abierta sobre el anca del burro. El animal sorprendido dió un salto hacia lo más oscuro del patio.

—¡Arre, burro! —gritó Olegario.

Y ya esfumados, hombre y jumento, tras de las ramas de los árboles, entre los pliegues de la noche recién nacida, se oyó de nuevo la voz:

—Buenas noches, doña Carmelita.
—Buenas noches, niña Carmen Rosa.

Las dos mujeres no respondieron. Desde las ramas del tamarindo chilló un murciélago y doña Carmelita se hizo en la frente la señal de la cruz.

36

CARMEN ROSA se asomó muchas veces a la puerta de la escuela para verlos pasar. Iban en automóviles andrajosos, inverosímiles, de capotas cruzadas por costurones mal zurcidos o en camiones enclenques, despatarrados, con una rueda a punto de salirse del eje, una rueda que bailoteaba grotescamente al andar. Atravesaban aquel pueblo derrumbado, hablando a gritos, cantando retazos de canciones tabernarias, escupiendo salivazos oscuros de nicotina. Eran hombres de todas las vetas venezolanas, mulatos y negros, indios y blancos, en franela o con el tórax desnudo, defendiéndose del sol con sombreros de cogollo o con pañuelos de colorines anudados en las cuatro puntas. No saludaban nunca a aquella linda muchacha enlutada que los veía pasar desde la puerta de una escuela sin niños y cuyo dolor, cuando la miraban, imponía más respeto que las mismas casas muertas de aquella ciudad desintegrada.

Venían de las más diversas regiones, de las aldeas andinas, de las haciendas de Carabobo y Aragua, de los arrabales de Caracas, de los pueblos pesqueros del litoral. Los había campesinos y obreros, vagos y tahures, comerciantes en baratijas, jugadores de dados, oficinistas hartos del escritorio, muchachos tímidos, rostros con cicatrices, un negro tocando una guitarra. También chinos cocineros, norteamericanos enrojecidos por el sol y la cerveza, cubanos de bigotitos meticulosamente diseñados, colombianos de inquietante mirada melancólica. Todos iban en busca del petróleo que había aparecido en Oriente, sangre pujante y negra que manaba de las sabanas, mucho más allá de aquellos pueblos en escombros que ahora cruzaban, de aquel ganado flaco, de aquellas siembras miserables. El petróleo era estridencia de máquinas, comida de potes, dinero, aguardiente, otra cosa. A unos los movía la esperanza, a otros la codicia, a los más la necesidad.

Carmen Rosa no estaba dispuesta a derrumbarse con las últimas casas de Ortiz. Tras meditarlo largamente, se lo dijo a doña Carmelita una mañana:

—Nos vamos a Oriente, mamá.

La madre la miró con dilatados ojos de asombro. Doña Carmelita era incapaz de decidir nada por sí misma. Había entregado el timón de su voluntad, junto con el timón de la casa y de la tienda, a Carmen Rosa. Aquel "nos vamos a Oriente", ya reflexionado, ya acordado por su hija, la llenó de sorpresa, de desasosiego, de intenso miedo. Se atrevió a musitar suplicantes palabras de protesta:

—¿Qué vamos a hacer nosotras en Oriente, hija? Aquí nacimos y aquí moriremos como tu padre, como Sebastián, como todos. Somos dos pobres mujeres infelices, solas, resignadas...

—Resignadas no, mamá. Yo todavía no estoy resignada.

Doña Carmelita comprendía la ineficacia de su disconformidad. Si Carmen Rosa había resuelto que se irían a Oriente, así habría de suceder. Sin embargo, intentó hacer resistencia, no por sí misma, sino buscando aliados. Los encontró en el padre Pernía y en la señorita Berenice. El cura estaba en desacuerdo, no con el viaje en sí, no con la huída, sino con el azaroso rumbo que Carmen Rosa había elegido.

—Está bien que te vayas, muchacha, antes de ver morir a los cuatro gatos que aquí quedamos. Pero, ¿por qué vas a escoger misión de aventurera? Vete a La Villa, a Cagua, a Caracas, donde viven familias decentes como la tuya, señoritas honradas y creyentes como tú.

—Es que yo no tengo un centavo, padre, sino los cuatro peroles de la tienda. ¿Quiere que me coloque de sirvienta en una casa de familia decente? ¿Que sirva a la mesa, que lave los pisos, que tienda las camas?

No era eso. El padre Pernía y ella misma sabían que estaban empleando argumentos postizos. Ambos comprendían que justamente la aventura, el riesgo, el bullir de las oscuras burbujas de petróleo, el chirrido de las cabrias, los gritos de los albañiles, atraían a una mujer hastiada de regar matas y de cuidar enfermos que inevitablemente se morían.

—Yo no entiendo esa locura tuya —decía al borde del llanto la señorita Berenice—. Una muchacha inteligente como tú, bonita como tú, buena como tú, ¿qué va a buscar en ese laberinto de hombres medio desnudos gritando malas palabras, de mujeres perdidas bebiendo aguardiente? Quédate conmigo en la escuela dando clases...

—¿Dándole clases a quien, señorita Berenice? ¿Quiere que le cuente con los dedos los niños de este pueblo? Cuatro muchachos barrigones, cuatro muchachos con llagas, cuatro muchachos descalzos, cuatro muchachos enfermos. Es todo lo que nos queda...

El señor Cartaya no participaba en el coro de las reconvenciones. Por el contrario, cuando se hallaba a solas con Carmen Rosa, le daba la razón:

—Véte, hija, a los campos petroleros, a la selva, a la Sierra Nevada de Mérida, a la séptima paila del infierno, pero no te quedes aquí de sepulturera que ese no es oficio para ti. No importa que en ese lugar donde tu quieres irte los hombres digan malas palabras, que delante de ti no las dirán. Ni que haya mujeres perdidas, que dejarán de serlo cuando tú las estés mirando.

Carmen Rosa sonrió. No había vuelto a sonreír desde aquella tarde desventurada, cuando supo que Sebastián iba a morir. Y ahora, al escuchar las palabras de Cartaya, Sebastián había muerto, ¡quien lo creyera!, hacía ocho semanas, diez semanas tal vez.

37

Olegario bajaba trastos y víveres de los estantes, los extendía sobre el mostrador o sobre los ladrillos del piso. El señor Cartaya examinaba las cosas, las señalaba con el índice al contarlas en voz alta y luego dictaba el resultado a Carmen Rosa que escribía en un viejo cuaderno. Era un cuaderno de cuando ella asistía a la escuela, aparecido inesperadamente en un baúl, en cuyas páginas se leían frases animadas por una candorosa fragancia de evocaciones: "Paseábase un día una zorra a lo largo de un camino cuando halló en el suelo una careta de hombre". Y en otro sitio: "El conjunto de huesos que forma la armadura de nuestro cuerpo se llama esqueleto". Carmen Rosa no se atrevió a arrancar aquellas hojas sino que las dobló cuidadosamente y comenzó a escribir, con la letra garbosa heredada de la señorita Berenice, en la página donde los oxidados ganchos de metal señalaban el nacimiento de la segunda mitad del cuaderno.

Estaban realizando un inventario de "La Espuela de Plata" y el señor Cartaya llevaba la voz cantante en el pobre recuento:

—Dos piezas de zaraza floreada —dictaba.

—Diez panelas de jabón amarillo.

—Tres pares de alpargatas negras número cinco. Cuatro pares número cuatro. Un par número seis... Y sobra una alpargata sola, como para vendérsela a un mocho.

—Uno, dos, tres, cuatro, cinco, seis siete sombreros de cogollo.

—Una docena de franelas y tres franelas más.

—Dos chinchorros.

—Aquí hay una caja de velas por la mitad. Quedan todavía, déjeme ver, ocho, nueve paquetes.

—¿Y esto qué es? ¡Ah, sí, cinta! Apunta: dos rollos de cinta, uno rosado y otro verde.

Llegaron al tramo más bajo del estante, donde estaban las bebidas al alcance de la mano del dependiente, al nivel de la frente de los bebedores. El señor Cartaya contaba y enumeraba: "Cuatro botellas de ron, seis de anisado, tres de cocuy". Y los frascos bocones multicolores: "Una frasco de torco, otro de yerbabuena por la mitad, otro de malojillo, otro de ponsigué".

Todo quedó asentado en el cuaderno de Carmen Rosa: las gaseosas de metra atravesada en el cuello de la botella, las ristras de ajo que enguirnaldaban las vigas del techo, las palanganas de diversos tamaños, el querosén y el carburo. No era la misma "Espuela de Plata", floreciente y surtida que fundó don Casimiro, pero algo restaba entre las escorias de la antigua bonanza. Inclusive artículos ya sin demanda: un corset de mujer, tres frascos de un desacreditado depurativo para la sangre, estampitas del olvidado Cristo de Limpias.

El inventario fué interrumpido por la llegada de un hombre con un envoltorio en la mano. Era Pascual, el carpintero, a quien Carmen Rosa no veía desde el día del entierro de Sebastián. Había envejecido ostensiblemente en tan corto tiempo.

—¿Qué quieres? —le preguntó.

Pero Pascual no venía a comprar nada, sino a vender seis huevos de gallina que traía envueltos en un pañuelo blanco.

—Le dejo los seis por un real, niña Carmen Rosa —dijo con voz lastimera.

Carmen Rosa no los necesitaba. Por el contrario, en la tienda había huevos, puestos por las gallinas de la casa, y nadie acudía a comprarlos. No obstante, trascendía tal imploración de la voz y los ademanes del hombre, que respondió:

—Está bien, déjalos.

Recibió los huevos y pagó lo que Pascual le pedía. Pero éste no se marchó. Tomó la moneda entre las manos, la miró unos segundos fijamente y luego dijo:

—Ahora deme un real de quinina, niña...

38

Olegario hizo un viaje a San Juan de los Morros, con el propósito de vender el burro, las gallinas y la casa, y de contratar un camión que los transportara a Oriente con los cachivaches de la tienda. Vendió el burro y las gallinas, sí, pero por la casa nadie ofreció un centavo. "La mejor casa de Ortiz —decía— en todo el centro del pueblo, con cuartos grandes, un patio lleno de flores, se le vende por lo que usted diga." Pero ninguno dijo nada. Apenas: "¿Comprar una casa en Ortiz? ¿Usted cree que yo estoy loco?" Los altos techos, los espaciosos corredores de ladrillo, las arrogantes ventanas con torneados barrotes de madera, las habitaciones resonantes y profundas, el jardín apretado de verdes y salpicado de flores, el anchuroso zaguán de lajas pulidas donde huesitos de ganado dibujaban las iniciales del constructor, todo aquello no valía un centavo si estaba plantado en Ortiz porque estar en

Ortiz significaba sentencia de derrumbamiento. Carmen Rosa escuchó sin inmutarse el acongojado relato de Olegario y se limitó a decir a la señorita Berenice:

—Quédese usted con la casa. Así tendrá más espacio para la escuela.

Y luego, comprendiendo que ya la escuela deshabitada no necesitaba espacio:

—La casa no vale nada, señorita Berenice. Pero me causa dolor abandonar las matas del patio para que se las trague el monte, para que las tumbe el viento. Solamente usted me las puede salvar.

Estaba lista para la partida. Sólo le faltaba, ¡más vale que no llegara!, el momento de las despedidas. Decir adiós como desgarrándose la mitad de sí misma a la vieja iglesia de Santa Rosa, a la poza de Plaza Vieja, a las trinitarias de su jardín, a los bancos de la escuela, a los robles y al Bolívar de la Plaza, a la tumba de Sebastián, al señor Cartaya, al padre Pernía, a Marta y a Panchito, a la señorita Berenice, a Celestino.

A Celestino volvió a verlo en aquellos días. Salía ella del cementerio, como todas las tardes, después de dejarle a Sebastián las más hermosas clavellinas de su patio. En la lejanía, silueta desvaída sobre el muro gredoso de la última casa del pueblo, divisó a Celestino. La estaba esperando, más rama de árbol seco que figura de hombre, los ojos más desolados que nunca.

—Buenas tardes, Carmen Rosa.

—Buenas tardes, Celestino.

Y se puso a caminar a su lado, graduando las zancadas para adaptarse al paso menudo y lento de la muchacha.

—¿Es verdad que te vas de Ortiz?

—Sí. Me voy con mamá y Olegario.

—¿Es verdad que te vas a Oriente?

—Sí. Nos vamos a Oriente.
Siguieron caminando vacilosos hasta la puerta de "La Espuela de Plata". Ella iba pensando una vez más en el viaje, del cual hablaba con tan serena firmeza, sin dejar vislumbrar su escondido temor al incierto destino. Celestino iba pensando en Carmen Rosa, que se marchaba de Ortiz, a quien jamás volvería a ver. Un rictus como de llanto le contraía los rasgos. Pero tampoco le dijo nada esa vez, esa última vez. No tuvo valor para enfrentarse a lo que ella, sin duda alguna, le respondería: que no lo quería, que no podría llegar a quererlo nunca.
—Buenas tardes, Carmen Rosa.
—Buenas tardes, Celestino.
Y en tres trancos se borró de su vista. Para siempre.

39

UN DÍA de agosto abandonaron las casas muertas. Olegario había contratado el camión en San Juan y el vehículo se hallaba estacionado a la puerta de "La Espuela de Plata" desde la noche anterior. Lo manejaba su propietario, un negro trinitario de nombre Rupert, que también marchaba a Oriente en busca del petróleo. Habían proyectado salir de madrugada para que el sol del mediodía los alcanzara lejos, llano adentro. Pero Carmen Rosa echó una mirada al interior del camión enbadurnado de excrementos de gallina, esterado de manchas de barro y semillas secas de mango.
—Hay que lavar esto —dijo.
Y Olegario invirtió toda la mañana en asear el

tinglado del camión, balde de agua sobre balde de agua, utilizando por última vez la vieja escoba deshilachada de la casa villenera. El trinitario lo miraba trabajar con ojos socarrones, cruzado de brazos junto a la ventana, tarareando entre dientes pícaras canciones de su isla:

Sofia went to the sea to bath.
Why, why, Sofia?

Sobre los listones del entarimado, ahora relucientes y húmedos, situaron los cajones que contenían las mercancías de "La Espuela de Plata", dejando un rincón libre para los tres pasajeros. Esa vez el trinitario si metió el hombro, junto con Olegario y Panchito. El cura y el viejo Cartaya, también presentes, observaban los preparativos, el ir y venir de los hombres cargando cosas, sin decir una palabra. Al padre Pernía le escocía un extraño impulso de subir a la torre de su iglesia a tocar tristemente las campanas, como cuando se moría un niño en el pueblo.

Al mediodía partieron. A la puerta de la tienda quedaron, silenciosamente huraños y afligidos, el cura y Cartaya, la señorita Berenice, Panchito y Marta embarazada. Frente a la casa, presenciando inmóviles el ajetreo de los viajeros, habían permanecido largo rato tres hombres llagados. Eran tres habitantes de los escasos que le restaban a Ortiz y Carmen Rosa conocía bien sus nombres: Pedro Esteban, Moncho, Evaristo. En cuanto a las llagas, eran el distintivo humillante de la gente de aquella región. ¿Quién no tenía llagas en Ortiz? Los débiles tejidos desnutridos, la sangre vuelta agua por el parásito del paludismo y envenenada por la ponzoña del anquilostomo, la piel sin defensa a merced de los microbios, no soportaban rasguño o magulladura sin que éstos se convirtieran en úlcera babosa y maloliente, en gelatinoso costurón repugnante. Aquellos tres hombres, Pedro Esteban con el pantalón arremangado y una purulenta rosa abierta entre la ceniza amarilla del yodormo, Moncho con el tendón del pie izquierdo desflecado por una herida honda y contumaz, Evaristo con la pierna deforme y tumefacta, eran los supervivientes maltrechos de la inacabable tormenta de fiebre y de miseria, de encarnizada fatalidad, que había arrasado la hermosa ciudad de Ortiz. Carmen Rosa los miró por última vez, con compungido amor de hermana, cuando ellos dejaron un instante de contemplarse las llagas para agitar las manos y gritarle: "¡Buen viaje!"

El camión tomó pesadamente el rumbo de la calle real, esquivando baches y peñascos. La cabeza absorta de Carmen Rosa asomaba al nivel del entablado. Sus ojos veían desfilar las familiares casas en escombros: la de dos pisos, como tronchada por el mandoble de un gigante; la de los blancos frisos anidados de plantas salvajes en los boquerones de las grietas; la de la hermosa puerta de cedro que sólo conducía a un corralón arenoso y huraño; la de las ventanas cortadas como la mandíbula de una calavera rota; la de las altas paredes llagadas como las piernas de los hombres; la del árbol plantado en la sala, la del árbol que había roto, al crecer, las vigas endebles del techo y cuyas rayas irrumpían a la calle por entre los barrotes de la ventana colonial.

En aquel mediodía caliente y sordo se percibía más hondamente la yerma desolación de Ortiz, el sobrecogedor mensaje de sus despojos. No transitaba un ser humano por las calles, ni se refugiaba tampoco entre los muros desgarrados de las casas, cual si todos hubiesen escapado aterrados ante el estallido de un cataclismo, ante la maldición de un dios cruel. Apenas, desde un rancho miserable, llegaba el estertor de un hombre que sudaba su fiebre agarrotado entre los hilos sucios de su chinchorro. A su alrededor volaban sosegadamente las moscas, moscas verdes, gordas, relucientes, único destello de acción, única revelación de vida entre los terrones de las casas muertas.

Cuando el camión pasó frente a la última pared tumbada y enfiló hacia la sabana parda, dijo doña Carmelita:

—¡Qué espanto, Dios mío!

—¡Qué espanto! —respondió Carmen Rosa.

—¡Qué espanto! —repitió Olegario.

Rupert, el trinitario, aceleró el camión y canturreó una canción de su isla:

Sofia went to Maracaibo.
¡Bye, bye, Sofia!

Date Due

MAY 16 '64		
JAN 27 '77		
APR 07 '77		

WITHDRAWN from the Alma College Library

Library Bureau Cat. No. 1137